Andreas Schrappe
Kinder und ihre psychisch erkrankten Eltern

Basiswissen Beratung

Die Reihe Basiswissen Beratung spiegelt den Stand einer modernen, theoretisch begründeten und erfahrungsbasierten Beratungspraxis wider. Die Buchreihe richtet sich an Fachkräfte der Erziehungs- und Familienberatung und angrenzender Arbeitsfelder sowie an Studierende der Human-, Sozial- und Erziehungswissenschaften. Basiswissen Beratung wird durch ein Editorial Board mit namhaften Vertreter/innen der Beratungspraxis, der Psychologie, der Sozialen Arbeit und der Kinder- und Jugendpsychiatrie fachlich begleitet.

Andreas Schrappe

Kinder und ihre psychisch erkrankten Eltern

Kompetent beraten, sicher kooperieren

Der Autor

Andreas Schrappe, Jg. 1961, ist Diplom-Psychologe und -Pädagoge, Psychol. Psychotherapeut und leitet das Evangelische Beratungszentrum in Würzburg. Seine Schwerpunkte sind u. a. Hilfen für Kinder und ihre psychisch erkrankten Eltern.

Umfangreiche Materialien stehen als kostenloser Download zur Verfügung unter www.beltz.de

Dieses Buch ist erhältlich als:
ISBN 978-3-7799-3418-9 Print
ISBN 978-3-7799-4471-3 E-Book (PDF)

1. Auflage 2018

in der Verlagsgruppe Beltz · Weinheim Basel
Werderstraße 10, 69469 Weinheim

Herstellung und Satz: Ulrike Poppel
Druck und Bindung: Beltz Grafische Betriebe, Bad Langensalza
Printed in Germany

Weitere Informationen zu unseren Autor_innen und Titeln finden Sie unter:
www.beltz.de

Inhalt

Einführung

Die vergessenen kleinen Angehörigen

„Papa ist ausgezogen, weil er so komische Sachen gemacht und nicht gearbeitet hat, sagt meine Mutter.“ – „Nachdem meine kleine Schwester auf die Welt kam, war Mama erst mal ganz lange in so ‘ner Klinik!“– „Meine Psychiaterin hat mich zu Ihnen geschickt, damit ich erfahre, wie ich mit den Kindern darüber reden kann.“ – „Mein Sohn schaut den ganzen Tag fern, ich habe nicht die Kraft aufzustehen und ihn zum Lernen zu bewegen.“

In Beratungsstellen sind solche Aussagen inzwischen häufig zu hören. Vor allem dann, wenn die Ratsuchenden merken, dass sich die Beraterinnen und Berater mit psychischen Krisen und ihren Folgen für die Familie auskennen. Dies trifft in erster Linie auf die Erziehungs- und Familienberatungsstellen zu, aber auch auf die Angebote der Schwangerschaftsberatung, Ehe- und Lebensberatung, Schuldnerberatung, der Sozialpsychiatrischen Dienste, schulpsychologischen Beratung usw. Wenn im Folgenden von Beratungsstellen die Rede ist, dann ist die ganze Bandbreite von Beratung gemeint, wobei der Schwerpunkt auf der Erziehungs- und Familienberatung liegt

Erst Mitte der 1990er Jahre begann die Fachöffentlichkeit, die Kinder psychisch erkrankter Eltern in den Blick zu nehmen. „Auch Kinder sind Angehörige“, lautete das Thema eines Kongresses des Bundesverbands der Angehörigen psychisch Kranker im Jahr 1996. Dort, wie auch in dem 1998 erschienen Klassiker von Mattejat und Lisofsky „… nicht von schlechten Eltern“, erhoben vor allem betroffene volljährige Kinder die Stimme und sprachen offen über ihr Aufwachsen bei einem psychisch erkrankten Elternteil. In ihren Schilderungen von einer unkonventionellen, oft belasteten und bedrohten Kindheit mischte sich spürbare Empörung. Der Vorwurf lautete, dass den Fachleuten ihr Los als bindungs- und schutzbedürftige Kinder manchmal weniger wichtig gewesen zu sein schien als die Toleranz gegenüber den erkrankten Eltern. Im Bemühen, psychisch Kranke ja nicht (wieder) zu stigmatisieren und zu diskriminieren, habe man in der (sozial-)psychiatrischen und psychotherapeutischen Versorgung die Situation der Kinder aus dem Blick verloren.

„Kinder psychisch erkrankter Eltern sind die vergessenen kleinen Angehörigen der Psychiatriereform“, so formulieren viele Fachleute bis heute, und diese Kritik war und ist nicht von der Hand zu weisen. Bei den Reformen der psychiatrischen Versorgung seit den 1970er Jahren hat sich vieles für die psychisch Erkrankten verbessert. Der Weg ging von den großen Nervenanstalten hin zu eingestreuten psychiatrischen Stationen, von den oft jahre- oder lebenslangen Hospitalisierungen hin zu kurzen Behandlungen und anschließenden gemeindenahen rehabilitativen Angeboten. Die psychiatrische Versorgung wie auch der sich neu entwickelnde komplementäre Bereich der Sozialpsychiatrie entdeckten die Bedeutung der Angehörigen. Aber sie dachten dabei vor allem an die Eltern und Partner der psychisch Erkrankten, nicht an deren Kinder.

Zur Psychiatriereform gehörte auch die Erkenntnis, wie wichtig die Wiedereingliederung der Erkrankten in das Arbeitsleben oder zumindest in Formen tagesstrukturierender Beschäftigung war, und man förderte dies z. B. mit der Einführung einer „Arbeitsassistenz“. Dass die Beschäftigung einer erkrankten Mutter bzw. eines Vaters jedoch in der tagesfüllenden Pflege, Versorgung und Erziehung von Kindern bestand und ebenfalls einer Förderung bedurfte, wurde damals nicht wahrgenommen. Das lag u. a. auch daran, dass die Kinder- und Jugendhilfe, die hierzu wichtige Beiträge hätte leisten können, bei der Psychiatriereform kaum beteiligt war. Noch zwanzig Jahre später, in der Diskussion um ein Bundesteilhabegesetz, müssen Verbände, die sich für die Belange von körper-, geistig-, sinnes- oder psychisch beeinträchtigten Eltern und ihren Kindern einsetzen, für die Etablierung einer „Elternassistenz“ als Teilhabeleistung kämpfen.

Auf den Pioniergeist der 1990er Jahre geht es zurück, dass aus diesen vereinzelten Anfängen heraus ein zunächst loses Netzwerk entstand. Im Zuge ihrer Forschungen am Institut für Soziale

Arbeit (isa) in Münster etablierte Sabine Wagenblass ein jährliches Expertentreffen, bei dem sich die Fachkräfte austauschten über ihre Erfahrungen mit Kindern psychisch erkrankter Eltern. Die Veröffentlichung von Remschmidt & Mattejat, „Kinder psychotischer Eltern" (1994), das Modell-Projekt in Freiburg mit den ersten Auryn-Kindergruppen, die Initiative „Netz und Boden" von Katja Beeck in Berlin, das Angebot von Dr. Christiane Deneke an der Kinder- und Jugendpsychiatrie des UKE Hamburg – ihnen und vielen weiteren Personen, Initiativen und Projekten ist es zu verdanken, dass das Thema Kinder psychisch kranker Eltern nach und nach Verbreitung fand. Erwähnt werden muss in diesem Zusammenhang auch das Engagement des Dachverbands Gemeindepsychiatrie e.V., der unter dem Motto „Kleine Held(inn)en in Not" jahrelang gewichtige Fachtagungen durchführte und einen Atlas zur Projektfinanzierung beisteuerte.

Bemerkenswert daran ist, dass es zu keiner Zeit eine breit angelegte, bundesweite Förderung dieser Initiativen durch die öffentliche Hand oder das Gesundheitswesen gab. Einzelne Bundesländer oder Regionen entschlossen sich zur Finanzierung von befristeten Modellprojekten, hier und dort förderten Krankenkassen die Veröffentlichung von Infobroschüren. Mancherorts konnten Forschungsgelder eingeworben werden, um bestimmte Arbeitsansätze zu entwickeln und zu evaluieren. An vielen Orten mussten die engagierten Fachkräfte ihre Energie darauf verwenden, lokale Stiftungen und Charity-Clubs für eine Unterstützung zu gewinnen. Bezeichnenderweise ist an dieser Stelle eine Organisation zu nennen, die ihre Mittel aus dem Glückspiel bezieht und ohne deren Förderung die Hilfen für Kinder und ihre psychisch erkrankten Eltern nie so weit entwickelt worden wären. Die Rede ist von Aktion Mensch, die seit langem bis in die Gegenwart hinein Jahr für Jahr eine große Zahl von Projekten fördert.

Der Appell, für Familien mit einem psychisch erkrankten Elternteil die erforderlichen Versorgungs- und Kooperationsstrukturen zu entwickeln, geht bis heute stark von einer Art Graswurzelbewegung aus. Und diese ist relativ erfolgreich, denn die fachliche Notwendigkeit wird heute von keiner Berufsgruppe, keinem Verband, keiner Einrichtungsform mehr ernsthaft bestritten, auch wenn bis zur Realisierung und Finanzierung oft noch ein weiter Weg zurückzulegen ist. 2006 formierte sich aus dem einstigen Expertentreffen die Bundesarbeitsgemeinschaft (BAG) „Kinder psychisch erkrankter Eltern“, mit einem ehrenamtlichen Sprecher/innen-Team, jährlichen Fachtagungen und gemeinsamem Internetauftritt (www.bag-kipe.de). Als die BAG im Frühjahr 2016 mit vielen langjährigen und neuen Aktiven ihr zehnjähriges Jubiläum feierte, durfte man mit Zufriedenheit auf das Erreichte schauen, um dann mit aller Kraft die vielen noch offenen Aufgaben anzugehen.

Zwanzig Jahre nach den ersten Anfängen haben sich psychiatrische Kliniken, Dienste der sozialpsychiatrischen Versorgung, Jugendhilfeeinrichtungen, Erwachsenenpsychotherapeutinnen oder Kinder- und Jugendpsychiater, Jugendämter und die Allgemeinen Sozialdienste auf die Bedarfe der Familien mit einem psychisch erkrankten Elternteil eingestellt. Woher kamen die Impulse für diese Entwicklung? Warum entwickelte sich ab Mitte der 1990er Jahre ein Bewusstsein für die Situation und die Unterstützungsbedarfe von Familien mit einem psychisch erkrankten Elternteil beziehungsweise – wenige Jahre zuvor – von Familien mit elterlicher Suchtbelastung?

- Seit den 1980er Jahren setzten sich in Psychotherapie, Psychiatrie und Sozialarbeit die familientherapeutischen, später systemisch erweiterten Modelle durch. Sie stellten die Basis dafür dar, in der Behandlung nicht mehr nur isoliert auf einzelne Erwachsene oder Kinder zu schauen, sondern ihre familiären Interaktionen zu fokussieren. Nicht mehr das Individuum allein, sondern gerade die Familie wurde als das relevante System angesehen, das mit seinen Mitgliedern konkrete Belastungen zu bewältigen und Kompetenzen zu entwickeln hat.
- Die erwachsenenpsychiatrische Forschung steuerte Zahlenmaterial über die Selbsterkrankungsrate von Kindern psychisch erkrankter Menschen bei, sowie Schätzungen über die Stärke genetischer Belastungen im Vergleich zu psychosozialen Belastungsfaktoren. Das Augenmerk war dabei weniger darauf gerichtet, die Kinder bei der Bewältigung der elterlichen Beeinträchtigungen zu unterstützen, als vielmehr zu ver-

stehen, wie es bei einem Erwachsenen zu einer psychischen Erkrankung kommt. In theoretischer Sicht hat vor allem das Vulnerabilitäts-Stress-Modell der Entstehung und des Verlaufs psychischer Störungen einen großen Ertrag für das Arbeitsgebiet erbracht. Was die Versorgung der Patientinnen und Patienten in ihrer Elternrolle betrifft, begannen einige Kliniken mit der Aufklärung der betroffenen Familien und der Berücksichtigung der Kinder bei der Behandlung des Elternteils. In Einzelfällen etablierte sich eine Mutter-Kind-Behandlung.

- Die Impulse von kinder- und jugendpsychiatrischer Seite waren zweifach: Zum einen lieferte sie Belege, dass rund die Hälfte der Kinder in stationärer Behandlung ihrerseits einen Elternteil haben, der eine einschlägige psychische Störung aufweist (Kölch & Schmid 2014, S. 122), was ein starkes Argument für eine familienbezogene Herangehensweise war. Zum anderen verfügte die Kinder- und Jugendpsychiatrie über bewährte biopsychosoziale Modelle der Entwicklung von Auffälligkeiten und Erkrankungen bei Kindern, Jugendlichen und jungen Erwachsenen (vgl. Mattejat 2008).
- Das 1990 eingeführte Kinder- und Jugendhilfegesetz (SGB VIII) war deutlich geprägt von der beschriebenen systemischen Wende, weshalb es oft als Elternhilfe- oder Familienhilfegesetz charakterisiert wurde. Für die Fachkräfte in der Jugendhilfe wurde es zum Standard, in den (teil-)stationären Einrichtungen oder ambulanten Angeboten sowohl die Kinder als auch ihre Eltern und die wechselseitige Bedingtheit des Verhaltens in den Blick zu nehmen. Neu für die Kinder- und Jugendhilfe war nicht so sehr, mit Familien mit einem psychisch erkrankten Elternteil zu arbeiten – diese befanden sich bereits zahlreich in ihren Einrichtungen, wenngleich sie oft noch nicht als solche erkannt wurden. Die Innovation bestand vielmehr darin, mit psychischen Störungen und dem erwachsenenpsychiatrischen Versorgungssystem vertraut zu werden und eine Zusammenarbeit zu etablieren.
- Die Erziehungs- und Familienberatungsstellen, die – trotz ihrer historischen Wurzeln im Gesundheits- und Bildungssys-

tem – seit jeher ihren Platz in der Jugendhilfe haben, standen bei der Entwicklung von Hilfen für betroffene Familien anfangs nicht an erster Stelle. Ihre Organisationsform und ihr Arbeitsansatz erlaubten es jedoch, ohne viel Aufhebens ihre Angebote auch für die Kinder und ihre psychisch erkrankten Eltern zu öffnen, und sie taten dies in breiter Linie. Grundsätzlich geübt zu kooperieren, bestand die Entwicklungsaufgabe für die Beratungsstellen vor allem darin, Kontakte zur erwachsenen- bzw. sozialpsychiatrischen Seite zu knüpfen und ihre Kompetenz hinsichtlich psychischer Erkrankungen auszubauen. Weitere Schritte zur Entwicklung von Beratungsstellen sind Inhalt dieses Buches.

- So bitter es ist, haben auch die Fälle von Kindesvernachlässigung und -misshandlung – zum Teil mit Todesfolge – dazu beigetragen, das Augenmerk auf die Situation von Kindern psychisch erkrankter Eltern zu lenken. Dies anzuerkennen, darf jedoch nicht dazu verleiten, diese Eltern vor allem als potenzielle Gefährdung für ihre Kinder anzusehen. Psychisch erkrankte Eltern sind in erster Linie Eltern, die vor einer besonders großen Aufgabe stehen und daher Hilfe von der umgebenden Gemeinschaft benötigen. Je früher es den professionellen Diensten aus Psychiatrie und Jugendhilfe gelingt, zusammenzuarbeiten und diese Familien zu erreichen, desto besser wird eine Absicherung auch in eskalierenden Momenten erfolgen können.

Stress und Stressbewältigung

Es ist das Verdienst vor allem von Albert Lenz und seiner Arbeitsgruppe, das Stresskonzept der Psychologie und damit die Ansätze von Stressbewältigung und Resilienzförderung für das Arbeitsfeld der Familien mit einem psychisch erkrankten Elternteil fruchtbar gemacht zu haben (vgl. Lenz 2008; Lenz 2010; Kuhn, Lenz 2008; Kuhn, Lenz, Jungbauer 2011; Lenz, Kuhn 2011; Beyer, Lohaus 2011; Lenz, Brockmann 2013). Hierbei wird die psychische Erkrankung von Mutter oder Vater als eine Quelle von Stress gesehen, den das Kind möglichst gut zu bewältigen versucht. Die Strategien, die Kinder in der Bewältigung von Stressoren einsetzen können, lassen sich grob unterscheiden in solche zur

- aktiven Problemlösung: „Wenn meine Mama morgens nicht aufsteht, dann mache ich mir mein Schulbrot selbst."
- Suche nach sozialer Unterstützung: „Wenn mein Vater wieder so komische Dinge tut, dann rufe ich meine Oma an, damit sie vorbeikommt."
- Emotionsregulierung: „Ich tue etwas, damit ich nicht mehr so doofe Gefühle habe."
- Meidung des Stressors: „An den schlechten Tagen verbringe ich meine Zeit vor allem im Sportverein."

Die ersten beiden Bewältigungsstrategien zählen zu denen mit instrumenteller bzw. problemlösender Funktion (→ Kontrolle oder Veränderung stressauslösender Situationsmerkmale), die anderen beiden zu denen mit palliativer bzw. emotionsorientierter Funktion (→ Kontrolle der mit dem Stress einhergehenden negativen physischen und psychischen Wirkungen) (vgl. Lenz 2008).

Folgt man diesem Ansatz, wird die Fachkraft in der Einzel- und Familienberatung versuchen, die Stressbewältigungskapazitäten der Kinder zu stärken bzw. ihre Resilienz zu fördern. Dabei erhebt sich natürlich die Frage, welche der genannte Strategien nun die richtige ist. Die Antwort lautet: In solchen Familien ist keine Strategie immer in allen Situationen den anderen überlegen. Vielmehr muss das Kind angesichts der konkreten Schwierigkeiten und Anforderungen diejenige Vorgehensweise auswählen, die in dieser Situation am ehesten funktional bzw. protektiv ist. Diese *differentielle Stressbewältigungskapazität* ist es also, was sich Kinder und Jugendliche aneignen sollten, die mit psychisch erkrankten Eltern aufwachsen (Lenz 2010). Diese Aufgabe ist anspruchsvoll, zumal die Funktionalität von Bewältigungsstrategien mitunter variiert, je nachdem ob die kurz- oder die langfristigen Folgen betrachtet werden.

Favorit unter den vier genannten Strategien ist die *Suche nach sozialer Unterstützung*. Diese ist in der Realität allerdings dadurch erschwert, dass die Familien aufgrund von Ängsten oder

Ausgrenzung häufig sozial isoliert leben und die Kinder häufig das Tabu befolgen, sich keiner Person außerhalb der Familie anzuvertrauen. Für die Beratung bedeutet dies, mit dem Kind und den Eltern überhaupt erst die Erlaubnis zu erarbeiten, soziale Unterstützung einzubeziehen. Anschließend muss – falls bislang niemand dafür infrage kommt – nach einer geeigneten Bezugsperson gesucht werden, an die sich das Kind im erneuten Krisenfall mit Zustimmung der Eltern wenden kann.

Das *aktive Problemlösen*, das allgemein gerne als der Königsweg unter den Stressbewältigungsstrategien gehandelt wird, ist für Kinder angesichts einer elterlichen psychischen Erkrankung eine zwiespältige Angelegenheit. Aktives Problemlösen setzt voraus, dass die vorhandene Situation grundsätzlich verstanden und beeinflusst werden kann. Bei psychischen Störungen und ihren Auswirkungen im Familienleben ist dies oft nicht der Fall. Vielmehr machen die Kinder die Erfahrung, dass sie auf viele Prozesse nur geringen oder keinen Einfluss nehmen können. Ungeachtet dessen versuchen zwar viele Kinder mit großem Einsatz, in einer Kombination von Parentifizierung, kindlicher Allmachtsphantasie und praktischer Alternativlosigkeit das Familienleben zu stabilisieren. Sie beziehen daraus auch ein Gefühl von Wichtigkeit und Selbstwirksamkeit, jedoch können sie nur wenig ausrichten und überfordern sich vielmehr. Wenn sie sich nun in der Beratung mit ihren faktisch sehr beschränkten Möglichkeiten auseinandersetzen, ist es für sie zunächst eine Enttäuschung. Erst nach und nach erkennen sie die Entlastung, dass sie nicht alle familiären Probleme zu lösen versuchen müssen und sich vielmehr ihren eigenen kindlichen Bedürfnissen zuwenden können. Dies sollte natürlich unterstützt werden durch den Aufbau von Hilfen von anderen, erwachsenen Personen wie z. B. den stabilen zweiten Elternteil, Angehörige oder Helfer. Das aktive Problemlösen ist dann für Kinder eine funktionale Strategie, wenn es sich auf überschaubare, im eigenen Einflussbereich liegende Alltagsprobleme bezieht.

Wenn Kinder das elterliche Befinden und Verhalten als für sie unverständlich und unbeeinflussbar erleben, reagieren sie oft mit *Vermeidungsverhalten*. Sie gehen der Situation aus dem Weg, ziehen sich zurück oder versuchen sich oft außerhalb der Familie aufzuhalten, also bei Freunden, in Schule oder Vereinen. Wenn die Kinder in Beratung sind und das Für und Wider dieser Problemlösestrategie betrachten, erkennen viele, wie vorteilhaft das Vermeidungsverhalten für sie selbst sein kann. Voraussetzung dafür ist für viele Kinder jedoch die Gewissheit, dass die Eltern ohne sie zurechtkommen und bei Krisen auf andere Hilfen zurückgreifen können. Diese reichen von psychiatrischer und psychotherapeutischer Behandlung über sozialpsychiatrische Unterstützung bis hin zu einem informellen Netzwerk von Angehörigen und Bekannten. Vorsicht ist bei der Problemmeidung jedoch dann geboten, wenn sie zu einer generalisierten Bewältigungsstrategie wird, da damit die Ausbildung einer depressiven Symptomatik begünstigt wird (vgl. Lenz 2008).

Als vierte Stressbewältigungsstrategie gilt die *emotionsregulierende Bewältigung*. In Situationen, die für das Kind im Grunde unbeeinflussbar sind, gelten sie als funktionale Vorgehensweise, jedoch nur in der konstruktiven Form, z. B. an etwas Schönes denken, sich entspannen, angenehme Musik hören usw. Die destruktive Variante der Emotionsregulierung, z. B. sich ausagieren, problematisches Verhalten zeigen, seinen Kummer oder Ärger an anderen auslassen usw., schafft dagegen neue Schwierigkeiten für das Kind.

Lenz folgert: „Für ein adaptives Coping ist nicht nur wichtig, über ein möglichst breites Bewältigungsrepertoire zu verfügen, sondern vor allem, es situationsgerecht einsetzen zu können, wobei sich die Kontrollierbarkeit der Situation als besonders relevanter Aspekt erweist" (Lenz 2008, S. 50).

Verantwortung für eine „neue" Zielgruppe übernehmen

So überschrieb Johann Brumm (1998) seinen Artikel über die Erfahrungen in der Würzburger Evangelischen Erziehungsberatungsstelle mit Kindern psychisch erkrankter Eltern. Diese Zielgruppe sei nur eingeschränkt als „neu" zu bezeichnen, so der Psychologe, da diese Familien schon immer zur Klientel gehörten, oft jedoch nicht als solche identifiziert und somit auch nicht spezifisch unterstützt worden seien. In der Unterstützung der bislang „vergessenen Kinder“ spielen Erziehungs- und Familienberatungsstellen mittlerweile eine sehr nachhaltige Rolle. Diese Beratungsstellen können etwas tun, was psychiatrischen Kliniken, sozialpsychiatrischen Einrichtungen, psychiatrischen oder psychotherapeutischen Praxen usw. zum Teil verstellt ist: Sie können aufgrund ihrer Finanzierungsform und ihrer systemischen Orientierung auf Kinder und Eltern ohne weiteres mit dieser Zielgruppe systemisch zu arbeiten beginnen – zumindest wenn sie sich dafür qualifiziert haben.

An vielen Orten haben Erziehungs- und Familienberatungsstellen ihr Angebot auf diese besondere Zielgruppe hin verbreitert. Sie haben spezifische Gruppenangebote für die Kinder mit begleitender Elternarbeit entwickelt, oder eine Präsenz in psychiatrischen Einrichtungen in Form von Sprechstunden oder Konsiliardiensten aufgebaut (vgl. Schrappe 2008).

Wenn im Folgenden von psychischen Erkrankungen die Rede ist, geht es vor allem um folgende Störungsbilder:

- Störungen aus dem schizophrenen Formenkreis und wahnhafte Störungen
- Affektive Störungen wie die Depression und die bipolare („manisch-depressive“) Erkrankung
- Abhängigkeitserkrankungen aufgrund von Alkohol-, Drogen- oder Medikamentenmissbrauch
- Schwere Angst- und Zwangsstörungen sowie posttraumatische Belastungsstörungen
- Persönlichkeitsstörungen, vor allem vom emotional instabilen oder dissozialen Typ.

Die Beschäftigung mit den Auswirkungen elterlicher Erkrankung auf die Kinder nahm ihren Ausgang bei den affektiven und kognitiven Psychosen, also den schizophrenen Psychosen, bipolaren Störungen und schweren Depressionen (vgl. Remschmidt & Mattejat 1994). Die Folgen der elterlichen Suchterkrankungen sind seit Anfang der 1990er Jahre in eigenen Forschungs- und Versorgungsnetzwerken thematisiert worden, wobei inzwischen die Parallelen immer stärker gesehen werden. Seit einigen Jahren stehen die Persönlichkeitsstörungen, v. a. vom emotional instabilen Typ („Borderline“) im Zentrum, und damit verbunden die elterlichen Störungen infolge traumatischer Erfahrungen in der Vorgeschichte. Das Vorhandensein von Ängsten und Zwängen oder auch einer im Erwachsenenalter fortdauernden Aufmerksamkeitsstörung bei Mutter oder Vater spielt in den Studien und Hilfsangeboten bislang keine große Rolle, gelten sie doch im Vergleich mit den vorgenannten Erkrankungen als weniger folgenschwere Beeinträchtigungen.

Jenseits der psychiatrischen Klassifikation machen den Fachkräften aus der Jugendhilfe auch diejenigen Familien große Sorgen, bei denen die Eltern keine klare Diagnose haben, auch nie eingehend psychiatrisch untersucht wurden, und eine Kombination von psychischen Auffälligkeiten, biografischen Traumatisierungen, Sozialisationsdefiziten, materiellen Notlagen und gesellschaftlichen Teilhabeeinschränkungen aufweisen.

Romer & Haagen (2007) konnten aufzeigen, dass Kinder aus Familien, bei denen ein Elternteil eine schwere oder chronische, unter Umständen sogar zum Tode führende körperliche oder neurologische Erkrankung hat, wie zum Beispiel AIDS, Multiple Sklerose oder eine Krebserkrankung zum Teil ähnliche Auffälligkeiten bzw. Reaktionsweisen entwickelten wie Kinder psychisch erkrankter Eltern.

Schließlich seien hier die Querbezüge erwähnt zwischen den Eltern mit einer chronischen psychischen Erkrankung oder Behinderung einerseits und den Eltern mit einer geistigen, körperlichen oder Sinnesbehinderung andererseits. Die Parallelen sind vielfältig und verbinden sich im gemeinsamen Bemühen um eine gesellschaftliche Akzeptanz ihrer Elternrolle.

Worin die Einschränkung oder Besonderheit des Erwachsenen auch bestehen mag – die familiären Folgen können sinnvoll beschrieben werden in dem Verständnis der „Kinder als pflegende Angehörige“ (vgl. Metzing 2007). Positiv an diesem Zugang ist, dass nicht allein die Belastungen und die psychosozialen Auffälligkeiten der Kinder in den Mittelpunkt gestellt werden, sondern ihre besondere Pflegeleistung anerkannt und kritisch diskutiert wird.

Zentrale Thesen zu den Familien mit einem psychisch erkrankten Elternteil

- Ein erheblicher Teil der Menschen ist in seinem Leben einmal, mehrmals oder dauerhaft von psychischen Krisen und Erkrankungen betroffen.
- Wie alle Belastungen, führen auch psychisch bedingte Störungen zu Beeinträchtigungen im Lebensvollzug (Arbeit, Familie usw.) und erfordern besondere Strategien der Beteiligten und der sie umgebenden Gemeinschaft.
- Die Versorgungssysteme, insbesondere Gesundheitswesen und Jugendhilfe, helfen durch Behandlung, Beratung und direkte Unterstützung die Folgen der psychischen Störungen zu begrenzen und auszugleichen. Auch das soziale Umfeld spielt eine große Rolle.
- Die psychischen Probleme von Müttern bzw. Vätern können zur Folge haben, dass sie die Elternrolle nur eingeschränkt wahrnehmen können, die Eltern-Kind-Bindung beeinträchtigt wird und die Entwicklung und Erziehung der Kinder unter erschwerten Bedingungen stattfinden müssen. Psychologisch lässt sich dies als Stress fassen, den es zu bewältigen gilt.
- Die Kinder wie auch die Eltern sind gefordert, spezifische Stressbewältigungskapazitäten zu entwickeln. Dies schließt auch die Inanspruchnahme von sozialer Unterstützung ein.
- Die Hilfe von Jugendhilfe und Psychiatrie, aber auch weiterer Institutionen und der sozialen Umgebung, besteht darin, die großen und kleinen Familienmitglieder bei der Stressbewältigung zu unterstützen. Dazu sollten sie bestmöglich zusammenarbeiten.
- Die Dienste der Kinder- und Jugendhilfe – und hier spielt die Erziehungs- und Familienberatung eine besondere Rolle – sind qualifiziert dafür, die elterliche Erziehungstätigkeit zu unterstützen, die Eltern-Kind-Beziehung zu verbessern, die Entwicklung der Kinder zu fördern und dabei das Kindeswohl zu sichern. Von daher sind sie in hohem Maße dazu geeignet, Kindern und ihren psychisch erkrankten Eltern zu helfen.

Einige betroffene Familien konfrontieren uns mitunter mit sehr schwierigen und besorgniserregenden Situationen, bei denen die Wahl nur zwischen dritt- und viertbesten Auswegen besteht. Demgegenüber sei hier betont, dass die Arbeit mit Kindern und ihren psychisch erkrankten Eltern in der Regel sich nicht wesentlich von den üblichen Aufgabenstellungen in der Beratung unterscheidet, zunächst mit dem gewohnten Handwerkszeug geleistet werden kann und dabei oft gut gelingt und die Fachkräfte immer wieder mit Freude und Bestätigung belohnt.

Als besondere Herausforderungen bleiben: Wie erreichen wir es, dass die Kinder und ihre Eltern die Beratungsstellen aufsuchen? Wie sprechen wir mit ihnen über die familiäre Situation, wenn darüber doch nicht gesprochen werden darf? Wie entwickeln wir eine Kompetenz in psychiatrischen Fragestellungen? Und zu guter Letzt: Wie bauen wir ein Netzwerk der beteiligten Einrichtungen auf und etablieren eine funktionierende Kooperation mit Psychiatrie und Eingliederungshilfe?

Teil 1
Familie und Erkrankung

Einer Familie und ihren Mitgliedern geht es nicht immer gleich gut. Die familiäre bzw. psychische Verfassung befindet sich vielmehr in einem Auf und Ab. Positive Ereignisse wie ein gelungener Urlaub, ein schönes Fest, der erreichte Ausbildungsabschluss eines Kindes oder der Umzug in eine schöne Wohnung können das Wohlbefinden und den Zusammenhalt der Familienmitglieder stärken. Dagegen lassen Ereignisse wie der Verlust von Unterkunft oder Arbeitsplatz, der Unfall eines Kindes, die unerwartete Pflegebedürftigkeit eines Angehörigen oder die Partnerschaftskonflikte oft den Haussegen schief hängen. Bis zu einem bestimmten Ausmaß kann die Familie mit ihren Ressourcen und Stressbewältigungsstrategien – auch unter Inanspruchnahme sozialer Unterstützung von persönlichem Umfeld oder professionellen Diensten – diese Krisen bestehen, oder geht unter Umständen sogar gestärkt daraus hervor.

Psychische Probleme oder Erkrankungen eines Elternteils sind zunächst einmal wie eine weitere Variante solcher familiärer Krisen zu sehen. Je nach der Schwere der elterlichen psychischen Störung und dem Ausmaß der vorhandenen Ressourcen, können einige Familien diese Belastung tragen und ihre Folgen für die elterliche Erziehungsleistung begrenzen. Dass in anderen Familien die familiären Bewältigungskapazitäten nicht ausreichen, liegt an den Besonderheiten dieser Form von Belastung:

- Einige psychische Erkrankungen gehören mit zu den schwersten Belastungen, die einen Menschen treffen können.
- Anders als zum Beispiel bei Paar- oder Trennungskonflikten, die durch Kommunikation und Beziehungsmuster gesteuert werden, handelt es sich bei psychischen Störungen (auch) um Vorgänge mit Krankheitscharakter, die nicht allein durch psychologische oder interaktionale Strategien zu bewältigen sind. Während viele andere familiäre Belastungen wieder ver-

gehen, nehmen manche psychische Erkrankungen einen chronischen oder rezidivierenden (d. h. wiederkehrenden) Verlauf.

- Die Beeinträchtigungen haben ihren Ursprung nicht außerhalb der Person, so dass man aus dem Abstand heraus mit ihnen umgehen könnte, sondern setzen direkt im Kern der Person an – in ihrem psychischen Zentrum des Denkens, Fühlens und Wollens.
- Aus diesem Grund ist das elterliche Beziehungs- und Erziehungsverhalten durch die psychische Krise unmittelbar beeinflusst – mit den entsprechenden Folgen für die Kinder und das familiäre Miteinander.
- Die Menschen wie auch die Gesellschaft haben in der Regel nur geringe Kenntnisse von psychischen Erkrankungen und begegnen ihnen mit Unsicherheit, Ablehnung oder Tabuisierung. Die betroffenen Eltern, ihre Partner wie auch die Kinder können daher kaum auf gesellschaftlich dargebotene Bewältigungsroutinen zurückgreifen. Vielmehr überwiegt häufig eine Rat- und Sprachlosigkeit, was die Belastung gerade für die Kinder weiter erhöht.
- Die Versorgungssysteme wie Psychiatrie oder Jugendhilfe sind in den betroffenen Familien zwar in der Regel hoch engagiert, ihre Maßnahmen der Behandlung (Psychiatrie) oder Unterstützung (Jugendhilfe) sind jedoch häufig unverbunden und bieten den Familien keine integrierten Angebote zur Bewältigung.

Zusammenfassend heißt dies, dass sich eine elterliche psychische Erkrankung einerseits in die Reihe der Belastungen einfügt, mit denen Familien zu tun bekommen können. Andererseits fallen sie durch ihre Besonderheiten auch aus dem Rahmen und benötigen daher spezifische Formen der familiären Bewältigung und sozialen Unterstützung.

Remschmidt & Mattejat (1994) systematisierten die von einer elterlichen psychischen Erkrankung ausgehenden Belastungen in einem allgemeinen kinder- und jugendpsychiatrischen Störungsmodell. Sie unterscheiden drei Formen, wie die Erkrankung von Vater oder Mutter die kindliche Entwicklung in ihrem Verlauf beeinflussen kann:

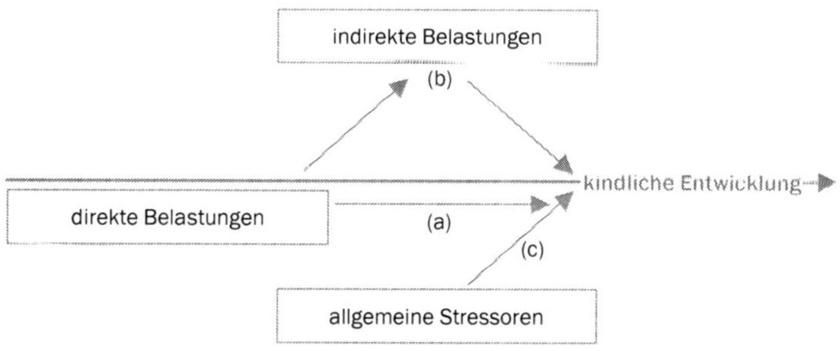

Abb. 1: Allgemeines kinder- und jugendpsychiatrisches Modell nach Remschmidt & Mattejat (1994)

(1) Einfluss durch direkte Belastungen:
Zu nennen sind hier z. B. die genetische Belastung der Kinder, der erkrankungsbedingte Ausfall der Versorgungsleistung des Elternteils, die Trennung von Eltern und Kind durch Klinikaufenthalte oder der unangemessene, u. U. sogar gefährdende Umgang mit dem Kind. Zu den direkten Beeinträchtigungen lässt sich auch das veränderte elterliche Vorbild zählen, was das Problemlöseverhalten, die verhaltensmäßige und emotionale Selbststeuerung oder die erlebte Selbstwirksamkeit betrifft.

(2) Einfluss durch indirekte Belastungen:
Psychische Erkrankungen korrelieren mit einer erhöhten Rate an Partnerschaftskonflikten bis hin zu Trennung und Scheidung, mit schlechteren Berufschancen und niedrigerem materiellen Status, mit geringerer sozialer Einbindung etc. Diese Faktoren wirken sich dann wiederum indirekt auf die Kinder und ihre Entwicklung aus.

(3) Einfluss durch allgemeine Stressoren:
Wie alle Familien, werden auch solche mit einem psychisch erkrankten Elternteil von allgemeinen Stressoren betroffen, etwa von Auseinandersetzungen mit der Nachbarschaft, von einem Verkehrsunfall oder dem Weggang einer geschätzten Lehrerin. Diese normalen Belastungen können aber von diesen Familien

nicht in der üblichen Weise bewältigt werden, da ihre Kräfte bereits durch die psychische Beeinträchtigung gefordert sind oder die erforderlichen Bewältigungsstrategien fehlen.

Das Wegweisende an diesem Modell liegt – neben der Aufklärung und Kategorisierung der Belastungsfaktoren – darin, dass sich unmittelbar Vorschläge für Interventionen ableiten lassen:

Zu (a): Auch wenn sich die genetische Belastung der Kinder im Sinne einer Vulnerabilität (Verletzlichkeit, Dünnhäutigkeit) nicht direkt verändern lässt, so zeigen epigenetische Studien und die Resilienzforschung, dass die moderierenden und auslösenden Faktoren für eine spätere Selbsterkrankung des Kindes günstig beeinflusst werden können. Außerdem kann durch entsprechende Eltern-Kind-Behandlungsangebote die prognostisch ungünstige frühe Trennung begrenzt oder ganz vermieden werden. Schließlich ist die Aufklärung des Kindes über die elterliche Erkrankung ein bewährtes Werkzeug, um dieses Ereignis bewältigen zu können. Kontakte mit einer positiven erwachsenen Bezugsperson können die Schwächen eines problematischen Elternmodells ausgleichen.

Zu (b): Das Auftreten indirekter Belastungsfaktoren zu vermindern, ist eine Aufgabe, die von den Betroffenen und ihrem sozialen Umfeld (Partnerschaft, Bekanntenkreis, Arbeitsplatz) gemeinsam geleistet werden muss. Einige Angebote der Sozialpsychiatrie, der Paarberatung oder der Jugendhilfe bieten hier gute Chancen und müssen den Familien zur Seite gestellt werden.

Zu (c): Die psychosozialen Versorgungssysteme halten ein Bündel von Hilfen bereit, um Familien bei der Bewältigung allgemeiner Stressoren zu unterstützen. Die Schwierigkeit besteht derzeit eher darin, die Eltern über die verfügbaren Hilfen zu informieren und sie zu ihrer Inanspruchnahme zu motivieren. Die Hilfeformen sind so weiterzuentwickeln, dass die Angebote auf das Phänomen einer psychischen Erkrankung und die potentiellen Auswirkungen für die Kinder passen.

Besonders die Erziehungs- und Familienberatungsstellen können in den drei genannten Bereichen wichtige Unterstützung bieten, auch wenn je nach Schweregrad der elterlichen Erkrankung weitere Hilfen wie die psychiatrisch-psychotherapeutische Behandlung, die familienunterstützenden oder -ersetzenden Formen der Erziehungshilfe ihren Beitrag leisten müssen.

Die Angaben, wie viele Kinder einen psychisch erkrankten Elternteil haben und mit ihm aufwachsen, sind spärlich und uneinheitlich. Nach Mattejat et al (2011) erleben etwa 3 Mio. minderjährige Kinder im Verlaufe eines Jahres, dass ein Elternteil eine psychische Störung, ohne Abhängigkeitserkrankungen, aufweist. (Zum Vergleich: Die Zahl der Kinder unter 18 Jahren in der Bundesrepublik Deutschland betrug 2014 rund 13 Mio.) Pro Jahr wird von etwa 175.000 Kindern ein Elternteil deswegen stationär behandelt. Hinzu kommen noch die minderjährigen Kinder von Eltern mit *Suchtstörungen*, die ebenfalls auf etwa 3 Mio. geschätzt werden. Zwischen beiden Risikogruppen gibt es allerdings Überschneidungen. Aus diesen Zahlen geht nicht hervor, wie schwach oder stark die Kinder von der elterlichen Problematik tatsächlich belastet sind. Die beschränkte Aussagekraft der Daten hat verschiedene Gründe:

- Die Versorgungsforschung hat bislang keinen Schwerpunkt darin gesehen, die Zahl der betroffenen Kinder flächendeckend zu erfassen. Bislang gibt es vor allem Stichtagsuntersuchungen in Einzelregionen oder ausgewählten Kliniken, sowie Hochrechnungen ausgehend von der Zahl psychisch erkrankter Erwachsener.
- Die Studien unterscheiden sich darin, welche psychischen Erkrankungen ab welchem Schweregrad berücksichtigt werden. Insbesondere die Einbeziehung der Kinder mit einem suchtbelasteten Elternteil wird uneinheitlich gehandhabt. Ihre Zahl beläuft sich etwa in der gleichen Höhe wie die der Kinder mit einem anderweitig psychisch erkrankten Elternteil.
- Schließlich macht das o. g. Störungsmodell klar, dass die Auswirkungen auf die kindliche Entwicklung ganz erheblich davon abhängen, ob das Kind mit dem erkrankten Elternteil zusammenlebt, bzw. wie intensiv im Falle einer elterlichen Trennung der Kontakt mit ihm ist.

Fachkräfte der Beratungsstellen sollten deshalb bei einem erheblichen Teil ihrer Klientel mit einer psychischen Erkrankung eines Erwachsenen rechnen und ihre Anamnese bzw. Problemanalyse um diesen Aspekt erweitern. Wird dieser Belastungsfaktor von den Ratsuchenden bejaht, muss jedoch seine Wichtigkeit eigens ermittelt werden. Keinesfalls ist bei allen Familien, bei denen eine psychische Erkrankung von Mutter oder Vater bekannt wird, diese die Ursache aller Probleme und der Ansatzpunkt für Interventionen. „Auch psychisch erkrankte Eltern haben ganz normale Erziehungsprobleme", resümiert Mattejat (persönliche Mitteilung 2000).

Von Diagnosen zu familiären Belastungen

In der Einführung wurden die häufigsten Diagnosen benannt, mit denen wir es bei der Unterstützung von Kindern und ihren psychisch erkrankten Eltern zu tun haben. Die psychiatrische Lehre hat in den letzten Jahrzehnten viele Fortschritte erzielt, was die Trennschärfe der Diagnosen und die Zuverlässigkeit der Diagnosevergabe zwischen verschiedenen Fachkräften betrifft. Diagnosen sind Bezeichnungen für ein bestimmtes Set von Ausprägungen des Verhaltens und Erlebens, wie sie in den Merkmalsaufzählungen der Klassifikationssysteme beschrieben sind. In der psychiatrischen Versorgung begründen Diagnosen die auszuwählenden Behandlungsstrategien. Einschränkend ist festzustellen,

- dass bei manchen Patientinnen und Patienten die gewählten Diagnosen im Laufe der Lebensjahre wechseln, weil die Symptome wechseln oder anders gewichtet werden
- dass es eine Vielzahl von Doppeldiagnosen gibt, z. B. zwischen affektiven Störungen und Suchterkrankungen
- und dass aus der Diagnose nicht der künftige Schweregrad und der Verlauf vorherzusagen sind.

Für Fachkräfte aus Erziehungs- und Familienberatungsstellen, deren Aufgabe ja nicht in der Behandlung der psychischen Erkrankung liegt, kommt erschwerend hinzu, dass die Kenntnis von einer Diagnose nur eine begrenzte Aussage darüber zulässt, wie die elterliche Erziehungsfähigkeit und die kindliche Entwicklung dadurch beeinflusst sind. Daher ist zu fragen, welche Rolle nun die spezifischen Diagnosen in der Unterstützung der betroffenen Familien spielen.

- Die Erkrankungen unterscheiden sich hinsichtlich der genetischen Belastung. Sie ist bei manchen psychischen Erkrankungen wie z. B. der bipolaren Störung höher, bei Suchterkrankungen niedriger.
- Wenn Kinder psychisch erkrankter Eltern im Laufe ihres Lebens ebenfalls eine psychische Krankheit ausbilden, dann ist diese oft gleichartig. Die erhöhte Selbsterkrankungsrate ist somit störungsspezifisch zu verstehen.
- Schließlich spielt es selbstverständlich hinsichtlich des Modelllernens der Kinder eine Rolle, ob sie z. B. einen alkoholabhängigen Vater oder eine depressive Mutter erleben.

Insofern ist die Kenntnis von Diagnosen schon bedeutsam. Beratungseinrichtungen, die Kinder und ihre psychisch erkrankten Eltern unterstützen wollen, hilft jedoch die Orientierung an Diagnosen allein nicht weiter. Zielführender ist folgende Feststellung: Kinder leiden nicht an den Diagnosen der Eltern, sondern an den krankheitsbedingten Verhaltens- und Beziehungsweisen des Elternteils und an den negativen Veränderungen im familiären System.

Das bedeutet: Unabhängig davon, ob eine Diagnose bei einem Elternteil gestellt ist und wie sie lautet, muss die Fachkraft in jedem Fall die störungsbedingten Verhaltens- und Beziehungsweisen bei Vater oder Mutter erkunden. Sie entwickelt daraus eine Vorstellung von ihren Auswirkungen auf die elterliche Erziehungsfähigkeit und die kindliche Entwicklung, und bezieht dabei weitere stützende oder belastende Faktoren innerhalb der Familie oder seitens des Umfelds ein. Selbstverständlich spielt es eine Rolle, ob ein Elternteil zum Beispiel gegenüber dem Kind Lebensüberdrussgedanken äußert oder ihm den dritten Partner in zwei Wochen präsentiert.

Diagnosen erleichtern uns die Arbeit der Problemanalyse. Mit

Hilfe der modernen Operationalisierungen in den gängigen Klassifikationssystemen (ICD, DSM) lassen sich bestimmte Hypothesen über die Qualität des familiären Zusammenlebens ableiten. Dazu aber muss das „Fachchinesisch" der Diagnosen in ein „Familiendeutsch" übersetzt werden (siehe Tab. 1) – zugleich eine gute Vorübung für die Aufklärungsgespräche mit Kindern und Eltern. Sind typische Diagnosekriterien (linke Spalte) zum Beispiel für Depression, emotional-instabile Persönlichkeitsstörung, paranoid-halluzinatorische Psychose oder Sucht nach Schilderung der Familienmitglieder oder aufgrund vorliegender Berichte erfüllt, dürfte dies mit einiger Wahrscheinlichkeit die genannten Folgen im Erleben der Kinder, des betreffenden Elternteils oder der Familie (rechte Spalte) haben. Durch einfühlsame, zielgerichtete Nachfragen können solche Hypothesen dann erhärtet oder verworfen werden.

Tab. 1: Übersetzung von Diagnosekriterien in Erlebnisweisen von Kindern und Eltern

Diagnosekriterien	Folgen für die Familie
Die erkrankte Person: … leidet unter gedrückter Stimmung, Interessenverlust, Freudlosigkeit und Antriebsverminderung.	Das Kind: „Meine Mama ist immer traurig." – „Nie spielt Papa mit mir, was habe ich bloß angestellt?" – „Ich habe Angst, dass sie sich etwas antut." Der Elternteil: „Ich tauge als Mutter nichts." – „Ich schaffe es nicht, mit dem Kind etwas zu unternehmen." – „Nur meine Kinder halten mich am Leben." Die Familie: Kind übernimmt Elternaufgaben (Parentifizierung). Die Depression bestimmt die Atmosphäre. Abschottung der Familie nach außen.
Die erkrankte Person: … zeigt durchgängig emotionale Instabilität. Impulse werden mangelhaft kontrolliert. Übergriffiges und bedrohliches Verhalten sind häufig.	Das Kind: „Mal werde ich wie eine Prinzessin, dann wie ein Stück Dreck behandelt." – „Ich kann nie für mich sein." – „Ich habe Angst vor den Ausbrüchen." Der Elternteil: „Sophie ist mein Halt, sie darf nicht weggehen." – „Benny ist mit seinen drei Jahren ein gerissener Kerl, aber er wird mich kennenlernen!"

	Die Familie: Kontinuität und Zuverlässigkeit fehlen. Das Kind erfüllt psychische Bedürfnisse des Elternteils, Ablösung und Identitätsbildung werden behindert.
Die erkrankte Person: … leidet unter Verfolgungswahn und erlebt akustische Halluzinationen in Form befehlender oder bedrohlicher Stimmen.	Das Kind: „Mama ist manchmal wie abwesend, da versuche ich alles recht zu machen.“ – „Die Angst von meinem Papa hat mich angesteckt.“ Der Elternteil: „Ich weiß nicht, was mit mir los ist.“ – „Die Anderen sagen, ich muss ins Krankenhaus.“ – „So viele Gefahren, ich muss auf der Hut sein.“ Die Familie: Alle sind angestrengt und verängstigt. Die Probleme werden tabuisiert. Die Klinikbehandlung führt zur Entlastung, aber auch zur Trennung.
Die erkrankte Person: … zeigt einen schädlichen oder missbräuchlichen Konsum von Alkohol, Medikamenten oder Drogen, der zu Gesundheitsschädigung oder Abhängigkeit führt.	Das Kind: „Ich muss jeden Tag schauen, ob ich mich vor Papa in Acht nehmen muss.“ – „Ich habe Angst und mache mir Sorgen“ Der Elternteil: „Das ist alles wegen dem Stress in der Arbeit und zuhause.“ – „Ich könnte von heute auf morgen damit aufhören.“ – „Ich bin nicht schuld.“ Die Familie: Alles dreht sich um das Suchtverhalten, das aber tabuisiert wird. Eskalierende Elternkonflikte, viel Verantwortung liegt bei den Kindern.

Kinder und Entwicklung

In der Beschreibung der Situation der Kinder und Jugendlichen mit einem psychisch erkrankten Elternteil decken sich die Berichte der erwachsenen Kinder, der praktisch tätigen Fachkräfte und der Forschungsgruppen. Man ist sich darin einig, dass es eine Vielfalt von kindlichen Auswirkungen bzw. Reaktionsweisen gibt, die Auffälligkeiten bei den Kindern zum Teil störungsunspezifisch sind und von einer großen Zahl vorhandener oder entstehender Belastungs- und Resilienzfaktoren abhängen (vgl. Lenz 2005; Mattejat & Lisofsky 2008; Wiegand-Grefe 2011).

[Hinweis: Die folgende Aufzählung möglicher Probleme der Kinder soll nicht so verstanden werden, dass die Gesamtheit oder der Großteil von ihnen bei allen Kindern anzutreffen seien. Vielmehr diene die Liste als Suchschema oder Interviewleitfaden für eine ausführliche Anamnese und Problemanalyse.]

Die Situation der Kinder wird hier aus vier Perspektiven untersucht:

- Versorgung der Kinder
- Emotionale Reaktionen der Kinder
- Familiäre Rolle der Kinder
- Soziale Situation

Im Baby- und Kleinkindalter kann eine psychische Erkrankung eines Elternteils zu einer ungenügenden *Versorgung des Kindes* bei Essen und Trinken, Sauberkeit und Schutz, Schlaf und Trost führen. Manchmal mangelt es auch an elterlicher Empathie und Responsivität, was den Aufbau einer sicheren oder zumindest organisierten Eltern-Kind-Bindung behindert. Durch den krankheitsbedingten Ausfall des Elternteils oder durch die wochenlange Trennung aufgrund von Klinikaufenthalten kann die Beziehungskontinuität beeinträchtigt sein.

Möglich ist eine Einschränkung der Modell- bzw. Vorbildfunktion des erkrankten Elternteils. Den Kindern fehlt damit die positive Elternfigur, mit der sie sich identifizieren können. Im weiteren Verlauf von Kindheit und Jugend kann es sein, dass die Kinder keine angemessenen Grenzen aufgezeigt bekommen. Schließlich können die geringen materiellen oder sozialen Ressourcen der Familie die Entwicklung der Kinder beeinträchtigen, da die Teilhabe an Aktivitäten mit Anderen oder in Vereinen etc. nicht organisiert oder finanziert werden kann. Die Kinder empfinden bzw. berichten eine ganze Reihe *starker emotionaler Reaktionen*:

- Angst um den Elternteil, vor dem Elternteil, vor Selbsterkrankung
- Wut oder Resignation aufgrund der Frustration der kindlichen Bedürfnisse

- Gefühle von Schuld für die psychische Krise und von Verantwortlichkeit für die Stabilisierung
- Wechsel von Zuneigung und Mitleid einerseits und Scham und Abneigung bis hin zu Ekel gegenüber dem Elternteil andererseits.

Die Schwierigkeit für die Kinder ist nicht nur, dass die ausgelösten Emotionen heftig sind und außerdem einander zum Teil zuwiderlaufen, sondern dass sie mit ihnen meist alleingelassen sind. Aufgrund der Tabuisierung psychischer Erkrankungen und der Sprachlosigkeit in vielen Familien haben die Kinder meist keine Person, mit denen sie sich über ihre verschiedenen Gefühle austauschen können.

Viele Kinder sind im Zweifel, ob ihre Gefühle eigentlich richtig oder erlaubt sind. Sie hadern damit, dass die negativen Gefühle im Widerspruch stehen zur üblicherweise geforderten Loyalität und Liebe zu den Eltern. Wenn es eine erwachsene Person gäbe, die den Kindern rückmeldete, dass ihre Gefühle auf alle Fälle einen Platz haben dürfen, wäre ihnen schon sehr geholfen. Diese emotionale Orientierung ist umso wichtiger, als dass die Eltern aufgrund der affektiven Anteile ihrer psychischen Erkrankung ja bereits selbst Schwierigkeiten in der Deutung, Modulation und Begrenzung ihrer Gefühle haben, ihren Kindern darin also oft kein positives Vorbild sein können. Die Validierung der Gefühle der Kinder und Jugendlichen ist, wie unten gezeigt wird, ein zentrales Moment in der Unterstützung der Familien durch Fachkräfte der Beratungsstellen. Aufgrund der elterlichen Einschränkungen sind die *familiären Rollen der Kinder* anders verteilt als in Familien mit zwei stabilen Eltern.

Je nachdem, ob der andere Elternteil anwesend und verfügbar ist oder die Kinder allein mit dem erkrankten Elternteil aufwachsen, erleben sie den Verlust einer verlässlichen Bezugsperson und fühlen sich allein gelassen. Verstärkt wird dies durch das Verbot oder zumindest die Unfähigkeit, in der Familie die psychische Erkrankung mit ihren Folgen für die Elternfunktion und die Kinder offen anzusprechen. Es kann dadurch sowohl an kognitiver Aufklärung als auch an emotionaler Unterstützung fehlen.

Eine Reihe von Kindern – tendenziell die älteren Geschwister und die Mädchen – zeigt eine unangemessene Verantwortungsübernahme. Zum Teil wird ihnen diese Verantwortung vom erkrankten Elternteil oder auch vom stabilen Elternteil aktiv angetragen, zum Teil sehen die Kinder selbst darin einen erfolgversprechenden Lösungsversuch. Die Folgen einer solchen Parentifizierung werden kontrovers diskutiert: Einerseits droht die Überforderung des Kindes bis hin zu einem Verlust von kindlicher Freiheit und autonomer Entwicklung, andererseits ist eine bessere Alternative oft auch nicht in Sicht. Es gibt Argumente dafür, eine begrenzte Verantwortungsübernahme hinzunehmen, da sich die Kinder dadurch als selbstwirksam erlebten und Kompetenzen für ihr späteres Leben zulegten. Eventuelle negative Begleiterscheinungen einer solchen Parentifizierung, so ist die Hoffnung, ließen sich zudem später im Erwachsenenleben auflösen, unter Umständen mit Hilfe einer Psychotherapie.

Verständlich, aber problematisch ist es, wenn Kinder die elterliche Befindlichkeit zu überwachen beginnen. Gewiss haben sie ein hohes Eigeninteresse daran, erste Anzeichen einer erneuten Zuspitzung zu erkennen, um sich selbst darauf einzustellen und ggfs. in Sicherheit zu bringen, oder um Vater bzw. Mutter zur Inanspruchnahme psychiatrischer Hilfen anzuhalten. Jedoch übernehmen die Kinder damit eine Art Garantenfunktion gegenüber dem erkrankten Elternteil, die eigentlich von einem erwachsenen Angehörigen oder einer zuständigen Fachkraft übernommen werden müsste. Besser wäre es, wenn die psychisch belastete Person im Zuge der Psychoedukation lernt, selbst die Frühwarnzeichen für die mögliche krisenhafte Zuspitzung zu erkennen und entsprechend zu handeln.

Noch belastender wird es für die Kinder, wenn sie auch ihre eigene Befindlichkeit, d. h. ihre Stimmungsschwankungen, ihre Wahrnehmungen, ihr Schlafen oder Weinen daraufhin überprüfen, ob es Anzeichen für eine nun bei ihnen beginnende psychische Erkrankung sein könnten. Dieses „Monitoring“ ist durch die Angst der Kinder vor einer Selbsterkrankung leicht nachzuvollziehen, trägt aber letztlich eher zu ihrer Destabilisierung bei. Fachkräfte von Beratungsstellen können gegensteuern, indem sie

„normalisieren" und den Kindern – bei entsprechender Einschätzung – zurückmelden, dass die in Frage stehenden Empfindungen und Gedanken durchaus kindheits- und situationsangemessen und kein Grund zur Besorgnis seien.

In der Beschäftigung mit Kindern alkoholkranker Eltern haben verschiedene Autoren vier bis fünf so genannte Rollen herausgearbeitet, mit denen sie ihr (Über-)Leben in der Familie zu sichern versuchen. Diese Rollen sind im Wesentlichen Typen komplexer Verhaltens- und Beziehungsmuster, die den Kindern zur Gewohnheit werden und die sie in ihrer Kindheit und Jugend, aber auch später im Erwachsenenalter auf kritische Situationen anwenden (Zobel 2001). Zobel unterscheidet die Rolle des Helden, des Sündenbocks, des verlorenen Kindes und des Clowns. Verschiedentlich wird noch als fünfte Rolle die des Friedensstifters ergänzt. Diese Kategorien von Rollen, die eher aus der praktischen Erfahrung denn aus empirischen Untersuchungen gewonnen wurden, haben sich in der Literatur zu Kindern anderweitig psychisch erkrankter Eltern allerdings nicht durchgesetzt. Anstelle umfassende Typen zu bilden, werden hier die emotionalen und kognitiven Reaktionen der Kinder sowie ihre Strategien zur Situationsbewältigung eher detailliert beschrieben.

Die *soziale Situation* der Kinder ist in aller Regel eingeschränkt. Sie folgen häufig dem elterlichen „Vorbild", dass sich die Familie gegenüber dem sozialen Umfeld abschotten sollte, und verschweigen bei außerfamiliären Bezugspersonen (Gleichaltrige, Lehrerin, Gruppenleiter usw.) die Probleme. Wird die psychische Erkrankung innerhalb der Familie tabuisiert, ist die Wahrscheinlichkeit groß, dass das Kind sich auch nach außen hin an dieses Veröffentlichungsverbot hält. Andere Kinder zu sich nach Hause einzuladen, ist für das Kind riskant. Es muss damit rechnen, dass die Gleichaltrigen die häusliche Situation (Unordnung, Mangel usw.) erkennen und später ein negatives Bild von der Familie weitergeben. Außerdem wird es dafür Sorge tragen, dem labilen Elternteil nicht zu viel Stress zu bereiten.

Im schulischen bzw. Leistungsbereich gibt es vielfältige Befunde. Seitens der Forschung wird diskutiert, dass die Störung der Informationsverarbeitung – als die man die psychische Erkrankung eines

Elternteils dem Grunde nach fassen kann – bei den Kindern als Aktivitäts- und Aufmerksamkeitsstörung auftreten kann. Den Schulerfolg erschweren kann außerdem, dass die Kinder zuhause wenig Förderung erhalten, aufgrund der eigenen Belastung nur begrenzt aufnahmebereit sind und in Krisenzeiten mit ihren Gedanken häufig bei dem erkrankten Elternteil sind. Manches Kind, das im Unterricht „träumt", entpuppt sich bei näherer Hinsicht als verantwortliches Familienmitglied, das innerlich mit seiner Sorge bei Vater oder Mutter ist. Andere Kinder wählen einen Weg, gute oder sehr gute schulische Leistungen zu zeigen, um ihre Eltern zu entlasten und um eigene Erfolgserlebnisse einzuheimsen. Systemisch betrachtet verhalten sich viele Kinder zunächst angepasst, weil die Familie durch den erkrankten Elternteil bereits bis an die Grenzen belastet ist. Zeigt ein Kind jedoch problematisches Verhalten, macht es damit – ohne das Schweigegebot offen zu übertreten – die Umgebung auf die Not der Familie aufmerksam.

In Verbindung mit der Angst um den Elternteil oder der Verantwortung für die Familie, führt die geringe soziale Einbindung der Familie auch zu einer verzögerten Ablösung des heranwachsenden Kindes. Manche Jugendliche scheinen aber auch gegenzusteuern und lösen sich sehr frühzeitig und massiv von der Familie ab, bis hin zu einem Kontaktabbruch.

Viele Berichte von inzwischen erwachsenen Kindern psychisch erkrankter Eltern besagen, dass sie noch Jahre oder Jahrzehnte nach Erreichen der Volljährigkeit innerlich mit dem Los des Elternteils verkettet sind, selbst wenn sie schon lange nicht mehr mit ihm zusammen leben. Damit fehlen dann häufig die Selbstständigkeit und Freiheit, die Voraussetzung für den Aufbau einer eigenen Partnerschaft oder Familie sind. Ähnlich kann auch die Ausübung eines Berufs erschwert sein – neben der Pflege des Elternteils handelt es sich dabei gleichsam um den Zweitberuf.

Von den genannten möglichen Reaktionen werden von einem Kind nur einige gezeigt und andere nicht. Wie stark es tatsächlich durch die elterliche Erkrankung belastet ist, hängt außerdem von moderierenden Faktoren ab, die seine Situation verschärfen oder entspannen können. Die folgenden Erläuterungen basieren zum Teil auf der klinischen Erfahrung, auf der empirischen Forschung sowie auf den psychologischen Modellen familiären Funktionierens. In der praktischen Arbeit kann die Fachkraft einer Beratungsstelle die Aufzählung als eine Checkliste nutzen, um den subjektiven Belastungsgrad eines Kindes einzuschätzen (vgl. die Checkliste zur Risikoeinschätzung in Mattejat & Lisofsky 2008, S. 207 ff. und die Diagnostischen Fragen zur Einschätzung der kindlichen Belastungen in Lenz 2008, S. 15 ff.).

Faktoren, die den Belastungsgrad eines Kindes moderieren

- Alter des Kindes
- Form und Schweregrad der elterlichen Erkrankung
- Krankheitseinsicht und Behandlungsverlauf
- Erkrankter Elternteil Mutter oder Vater
- Familienkonstellation
- Individuelle protektive Faktoren
- Interaktionelle protektive Faktoren

Welche Rolle das *Alter des Kindes* spielt, liegt auf der Hand. Wenn das Kind sich noch im Kleinkindalter befindet oder – wie im Fall der postpartalen Krisen – gerade erst geboren ist, kann sich eine elterliche psychische Erkrankung wesentlich massiver auswirken, als wenn sie erstmals im Jugendalter auftritt. In den ersten Lebensjahren geht es schließlich zentral um die Versorgung des Kindes und den Aufbau einer Eltern-Kind-Bindung. Ein Baby oder Kleinkind ist existenziell abhängig von Vater oder Mutter. Ein Junge oder Mädchen in der Adoleszenz verfügt dagegen schon über eine Reihe individueller Kompetenzen zur Situationsbewältigung, kann sich bei Bedarf selbständig in Sicherheit bringen oder professionelle Hilfe aufsuchen.

Bei psychischen Erkrankungen gibt es große Variationen im *Schweregrad*, auch innerhalb des gleichen Diagnosebereichs und bei derselben Person. Die eine depressive Phase ist leichter als die vorhergehende, um ein Beispiel zu nennen, entsprechend ist die Elternfunktion (Versorgung, Beziehung, Erziehung usw.) mehr oder weniger beeinträchtigt, und dies zählt für das Kind.

Eine Besonderheit, die abgeklärt werden sollte, ist die mögliche Einbeziehung des Kindes in die psychische Störung durch den Elternteil. Zu denken ist zum Beispiel an die psychotische Verkennung im Rahmen einer schizophrenen Psychose oder schweren Depression. In Verbindung mit akustischen Halluzinationen, die als echte Stimmen missverstanden werden, können sich paranoide Denkinhalte verfestigen, etwa dass das Kind mit dem Bösen im Bunde stehe. Auch im Zuge einer postpartalen Krise kann das Baby Teil der depressiv oder psychotisch geprägten Welterfahrung der Mutter werden. Weniger dramatisch, dafür aber kontinuierlich über Jahre hinweg, kann ein Kind in die Interaktionsstörung vom Borderline-Typ eingebunden werden. In all diesen Fällen ist es für das Kind besonders schwierig, sich von der psychischen Verfassung der Mutter oder des Vaters zu distanzieren. Leichter haben es diejenigen Kinder, die der Elternteil aus seinem Krankheitserleben herauszuhalten versucht.

Ein weiteres wesentliches Unterscheidungsmerkmal ist es, ob die psychische Störung eher einen phasenhaften oder einen linearen Verlauf nimmt. Tritt die Erkrankung in Phasen auf, zwischen denen Zeiten der Stabilität und Normalität liegen, kann sich die Eltern-Kind-Beziehung immer wieder einspielen und das Kind gleichsam „seine Batterien wieder aufladen". Es orientiert sich an den stabilen Phasen des Elternteils und grenzt die Krisenzeiten als Ausnahme, als abweichend, eben krankheitsbedingt ab.

Je nach Diagnose, also der *Form einer Erkrankung*, differiert auch der Grad der genetischen Belastung. Gemeint ist eine etwaige an das Kind vermittelte Vulnerabilität. Nimmt man die Studien zur Selbsterkrankungsrate der Kinder psychisch erkrankter Eltern zusammen, dürfte – stark vereinfacht gesagt – der genetische Anteil bei Vorliegen einer schizophrenen Psychose oder bipolaren Störung höher liegen als bei einer Persönlichkeitsstörung oder Abhängigkeitserkrankung. Auch wenn nicht handlungsrelevant für die Beratung, ist oft auch ein Blick auf die Häufigkeit psychischer Erkrankungen in der näheren Verwandtschaft der Familie hilfreich. Generell kommt hinzu, dass sich der Belastungsgrad erhöht, wenn beide Eltern psychische Beeinträchtigungen zeigen.

Wie die Merkmale der Erkrankung, so spielen auch *die Krankheitseinsicht und der Behandlungsverlauf* eine erhebliche Rolle. Die erwachsenenpsychiatrische Argumentation ist schon berechtigt: Eine nachhaltige Unterstützung der Kinder besteht in der zügigen und effektiven Behandlung des Elternteils. Relativiert wird diese Aussage allerdings dadurch, dass eine Behandlung – wenn sie denn stattfindet – nicht immer erfolgreich ist, und dass Kinder oft noch zusätzliche Hilfe benötigen.

Bis eine Behandlung Erleichterung bringen kann, braucht es bei der in Krise befindlichen Person zunächst eine Problem- bzw. Krankheitseinsicht, die dann in eine Behandlungsbereitschaft mündet. Es gehört nun aber zur Symptomatik vieler psychischer Störungen, gerade bei Psychose, Sucht oder Persönlichkeitsstörung, dass die Krankheitseinsicht fehlt oder sich erst über mehrere Krankheitsschübe aufbaut. Die Behandlungseinsicht ist oft schwach und schwankend. Viele Patienten beenden die Behandlung oder die Rückfallprophylaxe, wenn sie sich stabiler fühlen und die Erinnerungen an die letzte Akutphase verblassen. Ist keine andere, erwachsene Person präsent, übernehmen manche Kinder die Aufgabe und drängen die Mutter bzw. den Vater zur Fortsetzung der Behandlung. In einigen Fällen versuchen sie verdeckt zu erreichen, dass der Elternteil die Medikamente einnimmt, wie beispielsweise das Kind, das die Tabletten der Mutter unter ihr Essen mischt.

Es gibt inzwischen zu allen psychischen Erkrankungen bewährte pharmako-, psycho- und soziotherapeutische Behandlungsweisen. Doch selbst wenn sie vom Patienten vollständig wahrgenommen werden, ist damit der Erfolg der Behandlung nicht gewährleistet. In manchen Fällen kann nur eine teilweise Symptomreduktion erreicht werden. Oder es verbleiben chronische Residualzustände, die nicht mehr remittieren. Auf lange Sicht ist es zur Stabilisierung und Verbesserung der psychischen Verfassung nötig, dass sich die Person selbst intensiv engagiert, z. B. beim Aufbau sozialer Kontakte, bei der Übernahme einer tagesstrukturierenden Beschäftigung oder bei der Entwicklung von Selbstwirksamkeit, hilfreichen Kognitionen oder positiven Selbstwertquellen. Die Motivation von Personen zum Beispiel mit

Depression oder Sucht, alternative Strategien zu erlernen, endet leider manchmal lange bevor das angestrebte Ziel erreicht ist.

Aus Sicht der Kinder ist zu berücksichtigen, ob die Behandlung im stationären Setting erfolgt. Die Kinder erleben dabei eine oft wochenlange Trennung von der Mutter oder dem Vater, die durch Besuche – wenn sie überhaupt stattfinden – kaum ausgeglichen werden kann. Es gibt Hinweise, dass die elterliche Hospitalisierung und die damit einhergehende Trennungserfahrung kleiner Kinder mit einer erhöhten Selbsterkrankungsrate korreliert, wobei als verbindender Faktor die besondere Schwere der elterlichen Erkrankung oder die Irritation in der Beziehungsverlässlichkeit und damit in der Bindungsentwicklung diskutiert werden können. Einige Fachleute führen diesen Zusammenhang als Argument dafür an, im Falle einer stationären Behandlung auch die Mitaufnahme eines Kindes zu ermöglichen, zumindest wenn es noch klein ist.

Grundsätzlich können Kinder ganz unterschiedlich über die stationäre Aufnahme eines Elternteils denken und fühlen. Manche sehen vor allem die Entlastung und Erleichterung. Die Wochen krisenhafter Zuspitzung zu Hause haben ein Ende, mit der Behandlung keimt die Hoffnung auf baldige Genesung des Elternteils. Nicht wenige größere Kinder oder Jugendliche haben sogar aktiv darauf hingewirkt, dass eine Klinikaufnahme erfolgt. Andere reagieren darauf eher mit Trauer und Angst. Zeitweise verlieren sie nicht nur den im Grunde geliebten Elternteil, sondern sorgen sich weiterhin um ihn, allerdings ohne seine Situation noch aktiv beeinflussen zu können. Beratung kann darauf hinarbeiten, dass das Kind im Zuge der stationären Behandlung die Verantwortung für den Elternteil an Erwachsene, hier an Professionelle, abgeben kann und sich wieder seinen kindlichen Aufgaben wie Schule, Freundeskreis oder Hobbys zuwenden darf.

Im gesamten Themenfeld spielt die Erkrankung der Mutter eine deutlich größere Rolle als die des Vaters, und zwar in mehrfacher Hinsicht. Zum einen gibt es zahlenmäßig mehr psychisch erkrankte Mütter als Väter. In der Stichtagsuntersuchung von Schmid et al. (2008a) hatten 37 % der stationär behandelten Patientinnen Kinder, dagegen nur 12 % der Patienten. Erklärt wird der Unterschied u. a. damit, dass das Ersterkrankungsalter von Frauen um einige Jahre höher liegt als bei Männern. Das heißt, dass Männer oftmals bereits zu einem Zeitpunkt in eine Krise geraten, zu dem sie noch keine Partnerschaft oder Elternschaft eingegangen sind. Frauen haben dagegen die Partnerwahl und den Schritt zum Nachwuchs schon vollzogen oder erkranken im Umfeld von Schwangerschaft und Geburt (postpartale Krise). Zum zweiten liegt in der bundesdeutschen Gesellschaft nach wie vor ein größerer Anteil der Familienarbeit und damit Erziehungstätigkeit bei den Frauen, gerade in den ersten Lebensjahren eines Kindes. Die krankheitsbedingte Einschränkung in der Ausübung der Mutterrolle schlägt daher deutlich mehr zu Buche, falls nicht der Vater oder andere Bezugspersonen den Ausfall vollständig kompensieren können. Zum dritten lässt sich beobachten, dass das Ergebnis im Falle einer Trennung häufig unterschiedlich ist. Ist der Partner erkrankt, setzt die Frau im Falle einer Trennung die Versorgung und Erziehung der Kinder fort, während der Mann den gemeinsamen Haushalt entweder verlässt oder aber ebenfalls mitversorgt wird. Falls jedoch die Partnerin erkrankt und eine Trennung unvermeidlich erscheint, entscheidet sich der Mann oftmals zum Auszug und lässt die Kinder mit ihrer psychisch beeinträchtigten Mutter zurück.

Unter den verschiedenen moderierenden Faktoren spielt die *Familienkonstellation* eine ganz entscheidende Rolle. Gemeint ist die Frage, ob das Kind mit beiden Eltern oder nur mit einem Elternteil zusammenlebt Wenn der alleinerziehende Elternteil es ist, der die psychische Erkrankung aufweist, ist das Kind diesem Einfluss besonders stark ausgesetzt. Dagegen ist der tägliche Umgang mit dem psychisch unauffälligen Elternteil für das Kind die beste Kompensation für die Einschränkungen auf Seiten des anderen Elternteils. Die stabile erwachsene Bezugsperson kann nicht nur die Versorgung und Erziehung des Kindes sicherstellen, sondern es auch aufklären und unterstützen im Umgang mit der erkrankten Mutter bzw. dem Vater.

Berücksichtigt werden sollte auch die Frage, ob es in einer Familie Geschwisterkinder gibt, ob sich ein Kind alleine mit der elterlichen Erkrankung auseinandersetzen muss. In manchen Familien unterstützen sich die Geschwister gegenseitig in vorbildlicher Weise, indem sie sich über die elterliche Verfassung verständigen, „findest du auch, dass Mama seit zwei Tagen wieder besonders komisch ist?“, ihre eigenen Wahrnehmungen bestätigen, „ja, für mich ist es auch peinlich, wie Papa sich heute angezogen hat“, und ihre Verantwortlichkeiten klären, „Mama sagt, unser Krach beim Spielen macht sie ganz krank – dabei müsste sie mal wieder zu ihrer Ärztin gehen, oder?“ Es gibt allerdings auch Familien, in denen Geschwister sich untereinander an das Tabu halten und über die elterliche Erkrankung kein Wort verlieren. Für die Beratung wäre dies ein Ansatzpunkt, für die Kinder die Erlaubnis zur gegenseitigen geschwisterlichen Unterstützung zu erreichen.

In der Literatur zu Resilienz (vgl. Lenz 2008, 2010) werden in der Regel *individuelle Schutzfaktoren* von den interaktionalen (familiären, sozialen) Schutzfaktoren unterschieden. Das traditionelle Verständnis lautet, dass diese Schutzfaktoren wie stabile personale Eigenschaften des Kindes aufzufassen sind, die äußere Belastungen – vergleichbar einer Schutzhaut – abzuwehren vermögen. Sie seien allgemein verfügbar und wirksam, also gleichermaßen für ganz verschiedene Herausforderungen und Stressoren. Im Hinblick auf Kinder psychisch erkrankter Eltern werden genannt: Kontaktfreudiges, aktives Temperament, mindestens durchschnittliche Intelligenz, gute Kommunikationsfähigkeit, Leistungsorientierung, Fähigkeit zur Verantwortungsübernahme und schließlich ein überwiegend positives Selbstwertgefühl. Hinzu kommen u. a. sicheres Bindungsverhalten, aktives Bewältigungsverhalten oder internale Kontrollüberzeugungen.

Einmal abgesehen davon, dass das Konzept von Lenz (2008, 2010) zur differentiellen Stressbewältigungskapazität (siehe S. 12 f.) die generelle Überlegenheit aktiven Bewältigungsverhaltens oder internaler Kontrollüberzeugung fraglich erscheinen lässt, erhebt sich bei allen so genannten Schutzfaktoren die Frage, woher denn ein Kind sie beziehen solle, wenn es nicht von Natur aus mit ihnen versehen ist oder wenn es sie nicht erwerben konnte. Einen Ausweg zeigt das neuere Verständnis von Resilienz als einem situativ ausgewählten Bewältigungsverhalten, mit dem das Kind aktuellen Stressoren zu begegnen versucht.

Die familiären und sozialen Schutzfaktoren werden als *interaktionelle Ressourcen* zusammengefasst. Aufgeführt wird für die betroffene Risikogruppe u. a. die hohe Aufmerksamkeit seitens der Umwelt für das Kind, das Fehlen von längeren Trennungen oder schweren elterlichen Konflikten oder der hohe Grad an Aufklärung über die elterliche Erkrankung. Die positive Erfahrung mit Schule und Freundschaften, die dauerhafte Beziehung zu einer Bezugsperson, ein offenes, unterstützendes Familienklima, sowie eine gute außerfamiliäre Unterstützung und Förderung, z. B. durch Vereine, Gemeinde und Schule (vgl. Lenz 2008) sind weitere allgemeine interaktionelle Schutzfaktoren.

Die genannten Faktoren sind nicht als vergleichsweise statische Ressourcen zu verstehen, die einem Kind zur Verfügung stehen oder eben nicht. Zu betonen ist der dynamische Anteil als Anregung für das Kind, sich aktiv die entsprechende soziale Unterstützung zu verschaffen, und als Aufforderung an Familie, soziales Umfeld und professionelle Versorgungsstruktur, die notwendigen Erfahrungsräume und Hilfen vorzuhalten. Ein Teil der Kinder geht aus der besonderen familiären Situation auch gestärkt hervor. Sie entwickeln Stressbewältigungsstrategien, sie erlernen Empathie und bauen eine Selbstwirksamkeitsüberzeugung auf – wichtige Fähigkeiten für das Erwachsenenleben.

Eltern und Erziehung

Wer eine psychische Krise oder Erkrankung entwickelt, erlebt eine persönliche Erschütterung. Je nach Art und Schwere der Störung, kann diese Erschütterung noch erträglich oder bereits tiefgreifend sein. Mehr als körperliche Erkrankungen setzen psychische Symptome nahe am inneren Steuerungszentrum an oder haben dieses erlebte „Ich" des Menschen sogar erfasst. Die Betroffenen beobachten an sich die Veränderungen und suchen in ihrem Inneren und in der Umgebung nach möglichen Ursachen. Vielen fällt es schwer, die Vorstellung einer psychischen Erkrankung zuzulassen, vor allem wenn sie zum ersten Mal mit einer solchen Krise konfrontiert sind. Die unten folgenden skizzenhaften Beschreibungen verschiedener psychischer Störungen zeigen, welche vielfältigen Beeinträchtigungen im emotionalen, kognitiven und sozialen Bereich vorliegen können. Wer Menschen in diesen Phasen unterstützen will, ist gut beraten, sich mit Hilfe der inzwischen umfangreichen Ratgeber- und Fachliteratur ein Bild von der Innensicht der betroffenen Menschen zu verschaffen. Dazu gehört das Verständnis vom Leiden und seiner Vorgeschichte, aber auch der bewährten Wege zu Stabilisierung und Gesundung.

Perspektiven der Situation von Eltern

- Elternschaft psychisch erkrankter Menschen
- Ausprägung, Verlauf und Behandlung
- Emotionale und kognitive Reaktionen
- Familiäre und soziale Folgen
- Der gesunde oder stabile Elternteil

Bezüglich der *Elternschaft psychisch erkrankter Menschen* dominierte lange Zeit die Vorstellung, die Erkrankung würde die Ausübung der Mutter- bzw. Vaterrolle nur geringfügig beeinträchtigen, so als würde das evolutionär angelegte Programm zur Pflege und Versorgung des Nachwuchses dominieren. Diese Hoffnung hat sich bei näherer Betrachtung keinesfalls erfüllt, vielmehr kann die Beziehungs- und Erziehungsfähigkeit gleichermaßen eingeschränkt sein wie die Fähigkeit, einer Arbeit nachzugehen, eine Partnerschaft zu leben oder Sozialkontakte zu pflegen. Nicht zuletzt die Bindungsforschung hat zu Tage gebracht, welche empfindsamen, feingliedrigen Interaktionen sich zwischen einer Bezugsperson und einem kleinen Kind ereignen, so dass dieses sich geschützt, versorgt und angenommen fühlt. Auch wenn dieses elterliche Fürsorgeprogramm nicht erst gelernt werden muss, sondern als solches im „Betriebssystem" von Müttern (und Vätern) angelegt ist, kann es durch eine psychische Störung unterbrochen und überlagert werden.

Um ein Kind vom Baby- bis zum Jugendalter angemessen versorgen und erziehen zu können, braucht es seitens der Eltern idealerweise das komplette Set von Fühlen, Denken, Wollen und Handeln, und zwar in funktionierendem Maße. Gemeint ist im engeren Sinn die Fähigkeit zu Empathie und Mentalisierung, zu Körperkontakt, zu Eigeninitiative und Impulskontrolle und zu sozialer Interaktion auf der Basis von gelernten Modellen gelingender Elternschaft. Gewisse Einschränkungen sind natürlich und werden mühelos toleriert – psychische Erkrankungen jedoch können die genannten Funktionen tiefgreifend und anhaltend stören.

Ganz wesentlich leben die gelingende Versorgung und Betreuung von der Fähigkeit der Mutter oder des Vaters zur Einfühlung in die Bedürfnisse des Kindes, gerade wenn diese noch klein sind und sich nicht verbal artikulieren können. Seine Mimik, Gestik und Motorik setzen sich, in Verbindung mit einem Wissen über die inneren Vorgänge des Kindes, in dem Elternteil zu einem Bild zusammen, wie es ihm im Moment geht und was es benötigt. Darauf kann und sollte dann die passende Antwort erfolgen.

Dieser Vorgang setzt voraus, dass der Elternteil für den Moment von sich und seiner eigenen Befindlichkeit oder Bedürfnislage soweit absehen kann, dass er gleichsam frei wird für die Situation des Kindes. Dies mag für einen stabilen Elternteil eine selbstverständliche Übung sein – für einen Menschen in einer tiefgreifenden psychischen Krise ist es oft nicht zu leisten. Die eigene Verzweiflung, die paranoiden Ängste, die Irritation durch gestörte Beziehungsmuster sind so stark, dass der Elternteil nicht vom Kind her handeln kann, sondern vor allem seinem eigenen psychischen Programm folgt. Im Ergebnis erlebt das Kind, in seiner Befindlichkeit regelhaft verkannt zu werden. Wenn die elterlichen Aktionen in Richtung des Kindes einen starken feindseligen oder manipulativen Charakter bekommen, kann diese Verkennung in die Form der psychischen Misshandlung übergehen.

Exkurs: Bindung und Bindungsstörung

Die Bindungstheorie nimmt ihren Ausgang bei der Eltern-Kind-Beziehung in den ersten Lebensmonaten und -jahren und beschreibt, dass in dieser frühen Phase unterschiedliche, mehr oder minder funktionale Bindungsmuster entwickelt werden, die – trotz mancherlei Modifikation – über die Lebensspanne hinweg ihre Wirkung behalten. Bezogen auf die Familien mit einem psychisch erkrankten Elternteil dürfte einem betroffenen Kind der Aufbau einer sicheren Bindung am ehesten dann gelingen, wenn die Erkrankung nicht bereits seit seiner Geburt vorliegt, wenn sie keinen chronischen Verlauf nimmt oder wenn ein stabiler Elternteil als primäre Bezugsperson präsent ist. Andernfalls steigt die Wahrscheinlichkeit, dass das Kind einen unsicher-vermeidenden, unsicher-ambivalenten oder gar desorganisierten Bindungstyp entwickelt. Ramsauer (2011) fasst die vorliegenden Studien dahingehend zusammen, dass die Entwicklung einer sicheren Mutter-Kind-Bindung in den ersten zwei Lebensjahren wesentlich sei für die soziale Anpassung, die Kooperation mit den Eltern und die Emotionsregulierung des kleinen Kindes. Eine psychische Erkrankung kann diese sichere Mutter-Kind-Bindung verhindern, mit negativen Folgen für das Bindungsmuster und die sozioemotionale Entwicklung.

Hipp & Kleinz (2014) weisen darauf hin, dass ein Bindungsmuster nicht einfach als ein konstantes Persönlichkeitsmerkmal des Kindes zu verstehen ist, sondern als eine dynamische Anpassungsstrategie des Kindes, mit Bedürfnisfrustrationen oder Gefahren umzugehen und auch unter erschwerten Bedingungen das Fürsorgeverhalten von Bindungspersonen zu provozieren.

Mit der Bindungstheorie lässt sich nachzeichnen, wie – neben chronischen Verläufen psychischer Störungen – vor allem Persönlichkeitsstörungen vom emotional-instabilen Typ (Borderline-Persönlichkeitsstörung, BPS) die kindliche Entwicklung beeinträchtigen oder gefährden können.

Menschen mit einer BPS weisen ein durchgängiges Muster von Instabilität auf, was ihre Stimmung, ihr Selbstbild und ihre zwischenmenschlichen Beziehungen betrifft. Impulsivität und mangelnde Impulskontrolle, rascher Wechsel zwischen Überidealisierung und Abwertung anderer Menschen, sowie selbstschädigendes Verhalten sind weitere Merkmale. Wie problematisch sie für die Beziehung zu einem Kind sein können, macht der Vergleich mit den gesunden Entwicklungsbedingungen von kleinen Kindern deutlich: Sie benötigen Beziehungssicherheit und grundlegende Wertschätzung, Kontinuität und Vorhersagbarkeit elterlichen Verhaltens, elterliche Einfühlung und Responsivität usw. Das können ihnen von einer BPS betroffene Eltern oft nicht geben.

Neben den allgemeinen Folgen psychischer Erkrankungen auf die Erziehungsfähigkeit kommt es auf die konkreten Symptome des belasteten Elternteils an. Falls bereits eine psychiatrische Untersuchung stattfand, wird eine Diagnose gestellt worden sein, die die vorhandenen Symptome am besten abbildet. Je nach vorliegender Diagnose unterscheiden sich die Beeinträchtigungen bei der betroffenen Person und damit auch die spezifischen Folgen für Kindesentwicklung und Elternrolle. Falls keine gesicherte Diagnose bekannt ist, sollten sich Fachkräfte an Beratungseinrichtungen von der betreffenden Person oder einem Angehörigen möglichst verhaltensnah die Symptome beschreiben lassen – diese sind es ja, mit denen die Kinder zu tun bekommen.

Für die Unterstützung der Eltern und die Einschätzung ihrer Möglichkeiten in der Kindererziehung, sind Aussagen zu *Ausprägung und Verlauf der Erkrankung* wichtig. Es macht einen großen Unterschied, ob es sich eher um eine leichte, einmalig auftretende Form einer Erkrankung handelt oder um eine schwere Erkrankung, gar mit rezidivierendem oder chronischem Verlauf. In diesem Zusammenhang werden häufig auch die bisherigen ambulanten oder stationären Behandlungen mit ihrem jeweiligen Ergebnis an therapeutischen Erfolgen oder Nebenwirkungen erfragt.

Die Fachkräfte erhalten so eine Fülle von Informationen, wie es mit der Krankheits- und der Behandlungseinsicht der Erwachsenen aussieht. Das zeigt sich auch in den geäußerten impliziten Störungsmodellen und verwendeten Formulierungen. Manche sprechen von Erschöpfung oder vorübergehender Krise, führen Konflikte oder Stress als Gründe an. Einige lehnen den Begriff „Erkrankung“ für sich ab und sehen allenfalls „Probleme“ – und diese oft mehr bei den Personen der Umgebung. Wieder andere sind in der akuten Phase krankheits- und behandlungseinsichtig, gehen aber nach Stabilisierung davon wieder ab. Mehr noch als die psychiatrische Seite will und muss Jugendhilfe auch mit Eltern arbeiten, die keine oder nur eine schwankende Krankheits- und Behandlungseinsicht zeigen, wenngleich dies den Hilfeprozess erschwert. Meistens lässt sich ein Einverständnis immerhin über die vorfindlichen Beeinträchtigungen und Belastungen („Symptome“) erzielen, an denen dann gearbeitet werden kann.

Bei den psychisch belasteten oder erkrankten Eltern zeigen sich eine ganze Reihe von problematischen *emotionalen oder kognitiven Reaktionen* im Hinblick auf die Kinder und die Wahrnehmung ihrer Elternrolle.

Sehr verbreitet ist die Angst der Eltern, ihre psychische Erkrankung an die Kinder weiterzugeben oder dies bereits bei der Zeugung getan zu haben. Voraussetzung ist dafür das Wissen, dass es einen genetischen Anteil der Verursachung gibt. (Diese Sorge der Eltern korrespondiert mit der Angst der Kinder, ebenfalls später diese Erkrankung zu bekommen.) Es ist nicht viel Einfühlungsvermögen nötig, um nachzuempfinden, wie belastend eine solche Vorstellung für Eltern ist, die ihren Kindern ja stets die besten Startbedingungen zu geben versuchen.

Bei aller grundsätzlichen Liebe sind in einer psychischen Krisensituation die aktuellen Gefühle von Vater oder Mutter gegenüber ihrem Kind oft ambivalent. (Auch dies verhält sich spiegelbildlich zu den zwiespältigen Gefühlen der Kinder zu ihren Eltern.) Eltern empfinden streckenweise tiefe Zuneigung zu oder Mitgefühl mit dem Kind, dann wiederum sind sie seiner überdrüssig – zum Beispiel bei Depressivität oder der Minussymptomatik einer Psychose – oder reagieren mit Ärger, Wut oder Verzweiflung auf seine Versuche, sich anzunähern oder seine Bedürfnisse auszudrücken – zum Beispiel bei Suchtproblemen oder einer Persönlichkeitsstörung. In seltenen Fällen kann der Elternteil dem Kind gegenüber auch ausgesprochen feindselig auftreten, etwa wenn eine psychotische Verkennung oder eine schwere postpartale Störung vorliegt.

Fast alle Eltern werden von der Angst getrieben, durch einen Eingriff des sozialen Umfelds oder des Jugendamts „die Kinder weggenommen zu bekommen", da sie von ihnen nicht genügend betreut und geschützt würden. Diese Angst ist oft so stark, dass eine Auseinandersetzung darüber, wie es um die Versorgung und Erziehung tatsächlich steht und welche Hilfen womöglich in Anspruch genommen werden sollte, nicht mehr mit dem nötigen Abstand stattfinden kann.

Auf der kognitiven Ebene findet sich bei manchen Eltern eine Überschätzung ihrer elterlichen Versorgungs- und Betreuungsleistung, zum Beispiel bei solchen mit einer psychotischen oder Suchtsymptomatik oder im Verlauf einer manischen Phase. Andere Eltern dagegen, zum Beispiel mit einer depressiven Symptomatik, unterschätzen eher die Qualität der Beziehung zu den Kindern und ihrer Erziehung, und dies über eventuelle tatsächliche Einbußen hinaus. Die Selbstvorwürfe, die Mütter häufig äußern, sind in dieser Hinsicht Teil der depressiven Denkmuster.

Eine Fehleinschätzung kann auch in der Weise vorliegen, dass ein erkrankter Elternteil aus dem Glauben heraus, das Kind nicht so lange Zeit in die Obhut anderer Menschen geben zu können, eine an sich notwendige stationäre Behandlung erst gar nicht antritt oder aber vorzeitig abbricht. Aus dem Blick gerät dabei, dass ein Kind zwar in der Regel das Zusammensein mit der Mutter oder dem Vater schätzt. Dies aber vor allem dann, wenn sich der Elternteil wieder stabilisiert hat, aus Sicht des Kindes also „alles wie früher" ist. Zur Auflösung dieses Dilemmas können auch die Versorgungssysteme beitragen, indem sie die Betreuung der Kinder rechtzeitig absichern und dem Elternteil dadurch Entlastung verschaffen. Auch eine Klinikaufnahme der Mutter gemeinsam mit ihrem Kind kann dazu helfen, dass sie sich auf die Behandlung einlässt.

Neben den beschriebenen emotionalen und kognitiven Reaktionen hat die psychische Erkrankung von Eltern auch eine Reihe *familiärer und sozialer Folgen*. Eltern, die durch Stimmungseinbußen oder Antriebs- und Kraftlosigkeit eingeschränkt sind, fühlen sich – gerade bei größeren Kindern – häufig beschämt oder verängstigt, da sie sich ihnen nicht mehr gewachsen sehen. Das für Erziehung notwendige Setzen von Grenzen, zum Beispiel beim TV-Konsum oder im familiären Miteinander, könne von den Eltern kräftemäßig nicht mehr geleistet werden, da die Kinder sie mit ihrer Stärke und Lebendigkeit dominieren würden. Dieses Problem verschärft sich zusätzlich, wenn kein zweiter, stabiler Elternteil in der Familie präsent ist.

In einer Mischung von Fürsorge und Übergrifflichkeit gehen manche Kinder auch dazu über, den psychisch erkrankten Elternteil zu steuern, indem sie ihm vorgeben, wann beispielsweise ein Arztbesuch, ein Ämtergang oder Einkauf getätigt werden müsse. Diese Rollenumkehr kann sich in manchen Familien in der Weise fortsetzen, dass sich der belastete Elternteil – besonders in der allein erziehenden Situation – geradezu abhängig fühlt von dem Kind. Er weiß bzw. glaubt, dass das Familienleben ohne die Unterstützung und Führung durch Sohn oder Tochter nicht aufrecht zu halten wäre und dann die Schwierigkeiten nach außen offenbar würden.

Die vorgenannten Gefühle und Gedanken sowie die Veränderungen im Familiensystem verbinden sich mit der tatsächlichen oder vermuteten gesellschaftlichen Stigmatisierung psychisch erkrankter Menschen und führen dazu, dass sich die Eltern gegenüber der sozialen Umgebung abschotten. Damit bringen sie sich allerdings um einen offenen, entlastenden Austausch und die Unterstützung durch Verwandtschaft, Nachbarschaft oder professionelle Dienste. In der Folge sind die Leidtragenden neben den Eltern vor allem die Kinder, die damit Anteil haben an der Abgrenzung und Ausgrenzung von Familien mit einem psychisch erkrankten Elternteil.

Die Ängste vor einem Eingriff in das Sorgerecht und generell die verbreitete Scheu psychisch belasteter Menschen sich anderen über die Schwierigkeiten mitzuteilen, haben zur Folge, dass die Eltern den Kontakt zu helfenden Einrichtungen wie Beratungsstellen, Jugendamt usw. eher vermeiden als dass sie ihn aktiv herstellen (siehe Studie von Schmid et al 2008b).

Da der *gesunde oder stabile Elternteil* für die Kinder und die Ausübung von Elternschaft wichtig ist, sollte auch seine Situation von den Fachkräften in Beratungsstellen berücksichtigt werden. Häufig trifft man folgende Merkmale – sie beziehen sich überwiegend auf die Situation, dass keine Trennung erfolgt ist und beide Eltern mit den Kindern zusammenleben (vgl. Lenz & Jungbauer 2008):

Situation und Merkmale des stabilen Elternteils

- Der stabile Elternteil ist in aller Regel belastet durch die Ängste im Hinblick auf die Erkrankung des Partners bzw. der Partnerin, und ihre Folgen für Partnerschaft und Familie.
- Ergänzt oder überlagert werden können diese Ängste zum Beispiel durch Schuldgefühle, mit eigenem Verhalten zur Krise des Anderen beigetragen zu haben, oder durch Ärger, mit all den Belastungen im Stich gelassen zu werden.
- Sorgen richten sich auf die Zukunft, zum Beispiel ob sich die Erkrankung heilen lasse oder verschlechtern werde, ob man in der alleinigen Verantwortung den Anforderungen gewachsen sein werde.
- Rein praktisch kommt es zu Veränderungen im Tagesablauf, sowie in der familiären und beruflichen Arbeitsteilung. Es handelt sich nicht nur um die typische Doppelbelastung von Familie und Beruf – hinzu kommt noch die Unterstützung für den erkrankten Partner.
- Hält die psychische Krise des anderen an, kommt es oft zu Rollenverschiebungen in der Partnerschaft. Das Beziehungsmuster ändert sich von „symmetrisch“ zu „komplementär“, beide begegnen sich nicht mehr auf Augenhöhe.
- Die Persönlichkeitsveränderungen, die beim erkrankten Partner wahrgenommen werden, bereiten Schwierigkeiten. Oftmals sind Nähe und Sexualität beeinträchtigt, bis hin zu Gefühlen von Entfremdung.
- Kommunikationsprobleme und Konflikte treten auf oder werden stärker. Häufig werden früher oder später Trennungsimpulse geäußert.
- Im Ergebnis wird eine Neudefinition der Partnerschaft erforderlich. Das Verhältnis von Geben und Nehmen muss unter den veränderten Umständen ausgehandelt werden. Die Gerechtigkeitsmaßstäbe, wie viel jeder Partner einbringen soll und kann, sind neu zu klären, genauso die verbleibenden Bereiche von Gemeinsamkeit und partnerschaftlicher Verbindung.

Psychisch erkrankte Eltern haben in aller Regel und in den meisten Phasen wie alle anderen Eltern den Wunsch und zeigen das Bemühen, „gute Eltern“ für ihre Kinder zu sein. Für die Arbeit mit den Eltern ist dies eine günstige Basisannahme, auch wenn die Erziehungstätigkeit mitunter nur unzureichend ist. Und genauso wie andere Eltern, erleben sie ihre Kinder und die Elternschaft als eine Quelle von Lebenssinn. Dies ist zunächst eine wertvolle Ressource, die sich nur ins Negative wendet, wenn die Kinder der einzige Lebenssinn für die Eltern sind, gleichsam dafür da sind, ihre Eltern am Leben zu erhalten.

In den vorherigen Abschnitten konnten die möglichen Folgen einer psychischen Erkrankung für Kinder, Eltern und Umfeld in allgemeiner, übergreifender Form beschrieben worden, d. h. unabhängig davon, welche Störung vorliegt. Die begrenzte Bedeutung der Diagnosen im Hinblick auf die Familie ist ebenfalls dargelegt worden. Trotzdem gibt es störungsspezifische Besonderheiten, die die Fachkräfte aus Beratungsstellen in der Problemanalyse und Lösungssuche berücksichtigen können.

Schizophrene Psychose

Menschen, die eine schizophrene Störung entwickelt haben, sind oft ganz vielfältig beeinträchtigt: in ihrem Bezug zur Wirklichkeit, in der Einsichtsfähigkeit, in der Bewältigung der Lebensanforderungen, letztlich in ihrem ganzen Denken, Wollen und Fühlen. Unter den verschiedenen Formen von Schizophrenie am häufigsten ist die paranoid-halluzinatorische Psychose. Bei den schizophrenen Störungen unterscheidet die psychiatrische Lehre eine Plus-Symptomatik („mehr/anders als normal“) von einer Minus-Symptomatik („weniger als normal“):

- Plus-Symptomatik: Hierzu zählen formale und inhaltliche Denkstörungen, Erregung und Anspannung, Wahnerlebnisse oder Wahnstimmung, Halluzinationen, Ich-Störungen und Fremdbeeinflussungserlebnisse. Diese Symptome markieren oft den Beginn einer (erstmaligen oder erneuten) akuten Phase der schizophrenen Störung, und werden durch die antipsychotische Behandlung in der Regel begrenzt und überwunden.

- Minus-Symptomatik: Gemeint sind damit eine Verarmung des Gefühlslebens, das Gefühl innerer Leere, Mut- und Hoffnungslosigkeit, Niedergeschlagenheit bzw. Depressivität, Minderwertigkeitsgefühle, Antriebslosigkeit und fehlende Spontaneität, soziales Rückzugsverhalten und Kontaktverarmung. Diese Symptome persistieren häufig nach Abklingen der Akutphase. Ihre Behandlung ist langwieriger und erfordert ein komplexes Vorgehen aus verschiedenen therapeutischen Ansätzen. In einigen Fällen geht die Minus-Symptomatik vom Erscheinungsbild her in chronische bzw. Residualzustände der schizophrenen Psychose über.

Die Selbsterkrankungsrate der Kinder schizophren erkrankter Eltern, also die Wahrscheinlichkeit später im eigenen Leben ebenfalls eine gleichartige Störung auszubilden, ist deutlich erhöht. Liegt die Lifetime-Prävalenz in der Normalbevölkerung bei 0,7 bis 1,0 %, erhöht sie sich bei Kindern mit einem schizophren erkrankten Elternteil um den Faktor 10 bis 12. Sind beide Eltern einschlägig erkrankt, kommt es bei etwa der Hälfte der Kinder später ebenfalls zu einer schizophrenen Störung (nach Remschmidt & Mattejat 1994). Obwohl damit ein starker genetischer Anteil im Sinne einer Vulnerabilität nachgewiesen ist, kann man Kindern mit einem schizophren erkrankten Elternteil sagen, dass die Mehrzahl von ihnen keine gleichartige Störung ausbilden wird. Für die Kinder macht es einen erheblichen Unterschied, ob der schizophren erkrankte Elternteil vor allem Auffälligkeiten aus dem Bereich der Plus-Symptomatik zeigt oder ob die Minus-Symptomatik überwiegt, die sich für Kinder im Übrigen kaum von einer depressiven Problematik unterscheidet.

Eine elterliche schizophrene Erkrankung kann das Kind bei zentralen kindlichen Entwicklungsaufgaben irritieren. Das Kind selbst muss ja, seit es auf die Welt gekommen ist, lernen, mit Ängsten umzugehen, Sinneswahrnehmungen einzuordnen, ein Weltverständnis von beseelten und unbeseelten Elementen entwickeln und zutreffende Hypothesen über die wohlwollende oder bedrohliche Motivation anderer Menschen entwickeln. Generell will das Kind eine tragfähige psychische Struktur aufbauen und die Fähigkeit zur positiven Beziehung mit anderen entwickeln. Stabile Eltern unterstützen das Kind darin, indem sie präsent sind, es versorgen und beruhigen, ihm die Wahrnehmungen deuten, ihm ein Modell für emotionale Regulation sind und erklären, wie die Welt funktioniert. Wie soll ein Elternteil, der selbst unter massiven Bedrohungsgefühlen, Sinnestäuschungen, Beziehungsunsicherheiten usw. leidet, ein Kind bei diesen Entwicklungsaufgaben unterstützen?

Gerade in der Akutphase mit einer ausgeprägten Plus-Symptomatik kann es vorkommen, dass der Elternteil das Kind in das wahnhafte Erleben verwickelt. Dies kann so aussehen, dass der Elternteil sein Kind vor den gefährlichen Menschen und Kräften schützen zu müssen glaubt, oder aber dass das Kind mit zur feindseligen Umgebung gezählt wird. Im letzteren Fall kann es zu einer direkten Gefährdung des Kindes kommen, was jedoch ausgesprochen selten ist. Häufiger als die Verwicklung des Kindes kommt es vor, dass sich der betroffene Elternteil in sich zurückzieht und das Kind sich selbst überlässt. Dies kann daran liegen, dass der Vater oder die Mutter in der Akutphase die ganze Kraft zur Kompensation der irritierenden Phänomene aufwendet, oder aber dass die Minus-Symptomatik zu überwiegen beginnt.

Zu den Risiken einer Kindeswohlgefährdung: Nach Denecke (2005) gehört eine elterliche schizophrene Psychose – im Vergleich zum Beispiel zur Borderline-Persönlichkeitsstörung oder Alkoholabhängigkeit – nicht zu den psychischen Erkrankungen, bei denen als erstes an eine direkte Gefährdung von Gesundheit und Leben des Kindes gedacht werden muss. Vorsicht ist allerdings geboten bei Ersterkrankungen mit florider Akutsymptomatik, wenn der Betroffene und seine Umgebung noch keine Erfahrung mit den Auffälligkeiten und ihrer Behandlungsnotwendigkeit haben, und insgesamt bei unbehandelten Verläufen. Abzuklären ist eine mögliche Vernachlässigung des Kindes und seiner Versorgung, gerade wenn der erkrankte Elternteil die alleinige oder Haupterziehungsperson ist und die kindlichen Bedürfnisse nicht erkannt oder missverstanden werden. Mehr als eine etwaige körperliche Misshandlung oder Vernachlässigung des Kindes, sollte das Augenmerk auf einer möglichen psychischen Misshandlung liegen, die hier wie bei den meisten elterlichen Erkrankungen das größte Risiko darstellt.

Depression

Die Hauptmerkmale sind die depressive Verstimmung – die Person fühlt sich niedergeschlagen, traurig, hoffnungslos und entmutigt – und der Verlust von Interesse oder Freude an fast allen Aktivitäten. Die Person kann sich um nichts mehr kümmern oder keine Freude mehr empfinden. Weitere Merkmale sind körpernahe Störungen von Appetit, Schlaf oder Motorik, Antriebslosigkeit und Energiemangel, Gefühle von Angst, Schuld und Versagen und Beeinträchtigungen des formalen und inhaltlichen Denkens wie Grübeln, Unkonzentriertheit oder Wertlosigkeitsgedanken. In schweren Formen der Depression können psychotische Symptome von Wahn und Halluzinationen hinzukommen. Auch Suizidideen und -versuche sind häufig anzutreffen.

Mattejat (2005) verweist auf eine Studie von Propping, der zufolge die Lifetime-Prävalenz für die Entwicklung einer affektiven, also depressiven oder bipolaren Erkrankung von 5 bis 10 % in der Gesamtbevölkerung bei Kindern gleichartig erkrankter Eltern um den Faktor 2 bis 3 erhöht ist. Wenn sogar beide Eltern eine affektive Störung haben, erhöht sich die Auftretenswahrscheinlichkeit für die Kinder auf über 50 %. Weitere Kinder zeigen unspezifische Auffälligkeiten wie sonstige psychische Störungen, Aufmerksamkeitsstörungen, Entwicklungsverzögerungen sowie Zeichen emotionaler Dysregulation wie Ängste, Aggressivität oder niedriges Selbstwertgefühl (Remschmidt & Mattejat 1994). Viele Kinder jedoch entwickeln sich unauffällig.

Schaut man aus Kinder-Perspektive auf diese Symptome, wird deutlich, wie sehr eine elterliche Depression den kindlichen Bedürfnissen nach Kontakt und Resonanz, nach elterlicher Initiative und Anregung, nach emotionaler Orientierung und nach erzieherischen Grenzen zuwider läuft. Besonders augenfällig wird dies in der Interaktion zwischen einem Baby und seiner depressiven Mutter, wo die kindlichen Signale häufig unbeantwortet bleiben und das natürliche Spiel von gegenseitiger Bindung nicht in Gang kommt. Auch später gehen Kinder, die ja auch erst ihre Gefühle verstehen und den Umgang mit ihnen erlernen müssen, im Kontakt mit einem depressiven Elternteil eher leer aus. Sie erhalten bei ihm nicht das entsprechende Vorbild, um das ganze Gefühlsspektrum zu erfahren und zu bejahen. Die fehlende Resonanz durch die Mutter, den Vater erschwert es dem Kind, ein positives Selbstwertgefühl zu entwickeln.

Anders als die befremdliche schizophrene Psychose, der beängstigende Alkoholmissbrauch oder die verstörende Borderline-Symptomatik, löst die Traurigkeit, Verzweiflung und Kraftlosigkeit von Mutter oder Vater in den meisten Kindern Reaktionen von Mitleid, Helfenwollen bis hin zu Selbstvorwürfen hervor. Dass Kinder beginnen, den Elternteil zu trösten, zu schonen und seine Funktion zu ersetzen, ist mehr als verständlich – und lädt ihnen eine große Bürde auf.

Für Kinder schier nicht zu ertragen ist es, wenn sie von dem Elternteil in suizidale Gedanken oder Planungen eingeweiht werden. Hier werden die Ängste des Kindes existenziell. Der Satz einer Mutter, „du bist das einzige, was mich noch am Leben hält“, verknüpft, auch wenn er die Situation subjektiv treffend wiedergeben mag, ihr Leben in unzumutbarer Weise mit der fortwährenden Präsenz und Zuwendung des Kindes. Wie soll ein Kind in dieser Situation lernen, Autonomie zu entwickeln und später einmal eigene Wege zu gehen? Viele erwachsene Kinder tragen zeitlebens Schuldgefühle mit sich, wenn sie sich um ihre eigenen Bedürfnisse kümmern und nicht ständig in Gedanken oder real bei dem Elternteil sind. Nicht wenige von ihnen befreien sich durch einen harten Schritt, indem sie den Kontakt später völlig abbrechen. Im Falle eines erfolgten Suizids reagieren sie vordergründig mit Erleichterung.

In der Problemanalyse sollten sich Fachkräfte aus Beratungsstellen nach der Einbeziehung des Kindes in die depressive oder gar suizidale Problematik des Elternteils erkundigen. Immer wieder lässt die Sorge um das Befinden und das Leben von Mutter oder Vater verstehen, warum das Kind zum Beispiel im Unterricht „mit den Gedanken immer woanders“ ist, häufig im Kindergarten fehlt oder keine Sozialkontakte außerhalb pflegt.

Zu den Risiken einer Kindeswohlgefährdung: Zumeist wird bei Depression an die direkte Gefahr durch den so genannten erweiterten Suizid gedacht. Die Mutter oder der Vater will, wenn der Entschluss zum Suizid gefallen ist, das geliebte Kind nicht alleine in dieser Situation bzw. nicht in dieser als schlecht erlebten Welt zurücklassen und beabsichtigt daher, auch das Kind zu töten. Dieses Risiko ist gering und sollte deshalb bei den Fachkräften nicht zu überzogenen Handlungen führen. Vielmehr ist bei Vorliegen einer Depression regelhaft in aller Fachlichkeit die Suizidalität eines Elternteils abzuklären. Wenn sie bejaht wird, ist anschließend zu erfragen, ob bei den Bildern oder Plänen der Selbsttötung das Kind beteiligt ist und wie der Erwachsene darüber denkt. Viele Eltern erwidern glaubhaft, dass es vor allem die Existenz ihrer Kinder ist, die sie bereits frühzeitig von suizidalen Planungen und Handlungen abhält. Für eine Zwischenzeit mag dies akzeptabel sein – mittelfristig ist natürlich in der Behandlung des Elternteils darauf hinzuarbeiten, dass die Lebensüberdrussgedanken überwunden und weitere Quellen von Selbstwert und Lebenssinn gefunden werden.

Das Risiko eines (erweiterten) Suizids sollte nicht den Blick verstellen auf die anderen, wesentlich häufigeren Formen von Kindeswohlgefährdung bei elterlicher Depression. Insgesamt kann die Entwicklung des Kindes durch seine Unterstimulation massiv beeinträchtigt sein, vor allem wenn der Elternteil alleinerziehend ist. Es fehlt dann häufig an der direkten Anregung zu Aktivitäten und neuen Lernerfahrungen. Beeinträchtigt ist zumeist auch der Austausch mit der sozialen Umgebung. In schweren Verläufen kann es zu einer regelrechten körperlichen und emotionalen Vernachlässigung des Kindes kommen. Weniger deutlich, aber womöglich am meisten verbreitet ist auch hier die seelische Misshandlung – zu verstehen als eine elterliche Haltung, die den Umgang nicht „vom Kind aus“ gestaltet, sondern wo Motive des beeinträchtigten und bedürftigen Elternteils die Interaktionen dominieren.

Exkurs: Postpartale Krisen

Die psychischen Krisen während der Schwangerschaft oder nach der Geburt nehmen in der psychiatrischen Literatur und im Themenfeld „Kinder mit einem psychisch erkrankten Elternteil" einen gesonderten, fast schon randständigen Platz ein (vgl. Riecher-Rössler 2012; Hornstein & Klier 2005). Dies verwundert, da sie sich symptomatisch nicht von den Vollbildern der Depression, Angststörung oder Psychose unterscheiden und erhebliche Auswirkungen auf die Bindungsentwicklung und damit die psychische Entwicklung der Kinder haben können (vgl. Ramsauer 2011). Daneben gibt es das Risiko, dass die betroffenen Frauen bzw. Mütter keine Unterstützung aufsuchen oder die Behandlung ihrer postpartalen Krise nicht zur Wiederherstellung des vorherigen Funktionsniveaus führt, so dass die Kinder von Geburt an mit einer psychisch erkrankten Mutter konfrontiert sind.

Die häufigste Form nachgeburtlicher Krise ist die postpartale Depression. Sie unterscheidet sich vom Baby-Blues, der wenige Tage nach der Geburt mit affektiver Labilität, Gereiztheit und depressiver Verstimmung auftreten kann, durch die längere Dauer von über zwei Wochen und weitere Symptomen wie Unruhe, Appetitlosigkeit, Gewichts- und Schlafproblemen. Bei der postpartalen Psychose ist sofortiges ärztliches Eingreifen vonnöten. An dritter Stelle sind Angst- und Zwangsstörungen nach der Geburt zu nennen. Zum Teil treten die psychischen Probleme im Umfeld von Schwangerschaft und Geburt erstmals im Leben der Frau auf, zum Teil handelt es sich um ein erneutes Auftreten bereits vorbestehender psychischer Krankheitssymptome.

Unter den Beratungseinrichtungen werden vor allem die Beratungsstellen für Schwangerschaftsfragen und für Seelische Gesundheit (Sozialpsychiatrische Dienste) von Frauen mit postpartalen Krisen aufgesucht. Die Netzwerke Frühe Kindheit mit ihren qualifizierten Familienhebammen sind eine anfängliche Berührung mit der Jugendhilfe. In die Erziehungs- und Familienberatungsstellen kommen die betroffenen Mütter erst nach einigen Monaten oder Jahren. Eine möglichst frühe Intervention hilft, Chronifizierungen vorzubeugen und Hilfen zur Förderung der Mutter-Kind-Bindung einzuleiten. Dabei kommen oft auch videogestützte Ansätze zum Einsatz, wie sie zum Beispiel in der entwicklungspsychologischen Beratung oder der stationären Mutter-Kind-Behandlung entwickelt wurden.

Die bipolare Störung, früher bekannt als manisch-depressive Erkrankung, zählt ebenfalls zu den affektiven Störungen und ist gekennzeichnet durch den Wechsel von depressiven und manischen Phasen. Anders als bei der Depression sind einzelne manische Phasen ohne vorhergehende oder nachfolgende depressive Verstimmungen nicht bekannt. Die manische Phase hat als Hauptmerkmale die gehobene Stimmung, welche in eine expansive oder auch reizbare Richtung gehen kann, und die Beeinträchtigung der beruflichen Leistungsfähigkeit und sozialen Aktivitäten. Die euphorische Stimmung kann dabei anfangs als angenehm erlebt werden und ansteckend wirken. Wenn die Stimmung jedoch nicht wie im üblichen emotionalen Auf und Ab wieder auf ein mittleres, ruhiges Niveau einschwenkt, wird der getriebene, manchmal verzweifelte Charakter der gehobenen Stimmung deutlich. Die berufliche oder soziale Beeinträchtigung wird von der betroffenen Person zunächst nicht wahrgenommen bzw. zugunsten eines viel größeren Ziels in Kauf genommen. Die Umwelt, also die Kollegenschaft in der Arbeitsstelle oder der Familien- und Bekanntenkreis, erleben dagegen viel deutlicher, dass die bipolar erkrankte Person die herkömmlichen Funktionen und Aufgaben nicht mehr angemessen ausübt.

Weitere Merkmale der manischen Phase sind ein gesteigertes Selbstwertgefühl, das Vorhandensein von Größenideen, ein vermindertes Schlafbedürfnis oder eine psychomotorische Unruhe. Das Denken ist durch Ideenflucht und Ablenkbarkeit geprägt. Im sozialen Umgang finden sich Rededrang und ein erhöhtes Kontaktbedürfnis, wobei die Kommunikation meist eine einseitige Richtung hat. Schließlich kann eine Person in der ausgeprägten manischen Phase riskante Handlungen an den Tag legen. Dies betrifft den Umgang mit Geld, die Einschätzung von Gefahren zum Beispiel im Straßenverkehr, irritierendes und übergriffiges Sozialverhalten, bis hin zu unangemessenen sexuellen Avancen bzw. Aktivitäten.

Im Verlauf folgt einer manischen Phase häufig ein depressives Tief, was sich zum Teil als emotionale Erschöpfung verstehen lässt.

Neben den ausgeprägten bipolaren Störungen gibt es auch leichtere, hypomane Varianten sowie die so genannte dysthyme Störung mit einem schwächeren, dafür aber chronischen Verlauf. Kommt es jedoch zum Vollbild der manischen Exazerbation, führt dies in Deutschland in aller Regel zu einer psychiatrischen Behandlung, oftmals im stationären Setting. Es sind oft die Angehörigen, die eine Klinikbehandlung anregen, allein schon um weiteren Schaden von der Person und seiner Umgebung abzuwenden.

Das Risiko der Kinder, im späteren Verlauf des Lebens ebenfalls eine bipolare Störung zu entwickeln, ist deutlich erhöht gegenüber den Kindern mit zwei stabilen Eltern. Es gibt Hinweise, dass der genetische Anteil an der Entwicklung der bipolaren Störung höher ist als bei der unipolaren Störung (vgl. Remschmidt, Mattejat 1994).

Die Situation der Kinder ist davon geprägt, dass sie im Selbst- und Welterleben des manisch erkrankten Elternteils kaum vorkommen, zumindest nicht als bedeutsame Akteure mit eigenen Bedürfnissen und Grenzen. Der Erwachsene führt seine Aktivitäten oft ohne Rücksicht auf die Interessen des Kindes durch. Die kindliche Welt mit ihrer verlässlichen Umgebung, ihren klaren Orientierungen und ihren Sicherheit gebenden Gewohnheiten kann durch das ungestüme Verhalten von Mutter oder Vater missachtet, mitunter richtiggehend beschädigt werden. Proteste werden nicht gehört oder können zu harschen Auseinandersetzungen führen, in denen die Kinder die verzweifelte, gereizte oder aggressive Tönung der Manie zu spüren bekommen. Die meisten fügen sich dagegen in das Unausweichliche, außer es gelingt ihnen, Hilfe in Person einer sicheren Angehörigen zu organisieren oder sich zu entziehen und andernorts in Sicherheit zu bringen.

In Selbstschilderungen mittlerweile erwachsener Kinder wird deutlich, dass sie die manischen Phasen und darauffolgenden Klinikaufenthalte genau kennen, ebenso die affektive Kehrseite der Depressivität. Dazwischen erleben sie die Mutter, den Vater „wieder als ganz normal“ und setzen ihre Hoffnung darauf, dass der Elternteil „beim nächsten Mal“ die Frühwarnsymptome wahrnimmt und die psychiatrische Behandlung aufsucht.

Wenn kein anderer, stabiler Elternteil präsent ist, bemühen

sich die Kinder selbst, bei einer neu aufkommenden Episode die schlimmsten Folgen der elterlichen Entgleisung zu verhindern und den Schaden zu begrenzen. Schwierig ist dies beim sozialen Flurschaden, den das überbordende Verhalten des Elternteils hinterlässt, indem zum Beispiel gegenüber Gleichaltrigen eine unkonventionelle Kleidung getragen wird oder andere Erwachsene in der Öffentlichkeit mit eindeutigen erotischen Signalen bedacht werden. Kinder, die etwa ab dem Grundschulalter selbst normales Elternverhalten rasch als „peinlich“ einstufen, haben ein klares Gespür dafür, wie stark die sozialen Regeln verletzt werden. Die Folge sind starke Schamgefühle, die auch nicht damit enden, dass nach einiger Zeit der Elternteil wieder zu seiner gewohnten Verfassung zurückgefunden hat.

Zu den Risiken einer Kindeswohlgefährdung: Die Grenze zwischen einer Entwicklungsbeeinträchtigung und einer ausdrücklichen Kindeswohlgefährdung ist schwierig zu ziehen. In der akuten manischen Entgleisung eines Elternteils kann die Gesundheit des Kindes gefährdet sein durch unüberlegte und riskante Handlungen des Elternteils, in die er es ohne weitere Vorkehrungen einbezieht. Verschärft kann dies werden dadurch, dass die Situationsverkennung psychotische Ausmaße annimmt. Generell werden in der manischen Phase eines Elternteils – wenn es keinen Ausgleich durch andere erwachsene Bezugspersonen gibt – zentrale kindliche Bedürfnisse nach Zuwendung, Orientierung, Versorgung und Schutz missachtet. Traumatisch kann es für Kinder sein, wenn sie die Umstände einer zwangsweisen Klinikeinweisung erleben müssen. Erschwerend kann hinzukommen, dass die Einweisung vom Kind oder Jugendlichen in seiner Not selbst initiiert werden musste.

Es ist Aufgabe der Angehörigen und der die Familie begleitenden professionellen Fachkräfte, zusammen mit der betroffenen Person die psychische Verfassung gut zu beobachten und bei Herannahen einer erneuten kritischen Phase die notwendigen Schritte zu unternehmen. Das Kind würde in diesem Fall die Verantwortung nicht selbst übernehmen, sondern bei den Erwachsenen gut aufgehoben wissen. Schriftliche Notfallpläne können diese Absicherung zusätzlich unterstreichen.

Persönlichkeitsstörungen sind Muster der psychischen Selbstorganisation der Person und ihres Umgangs mit der sozialen Umwelt. Der Definition nach sind Persönlichkeitsstörungen ichsynton, d. h. die Person erlebt sich im Einklang mit seinem Muster und attribuiert aufkommende Probleme eher auf die Interaktionspartner. Mit Recht ließe sich auch von „Interaktionsstörungen" sprechen. Da sie für die Person, mehr noch für ihre Umgebung ein gewisses Leiden mit sich bringen, werden sie als Krankheiten gewertet. Von den verschiedenen Persönlichkeitsstörungen ist im Zusammenhang mit Kindern und ihren psychisch erkrankten Eltern vor allem vom „emotional-instabilen Typ" die Rede, besser bekannt als „Borderline-Persönlichkeitsstörung" (BPS). Die anderen Typen werden hier nicht behandelt.

Die BPS wird definiert als ein durchgängiges Muster von Instabilität im Bereich der Stimmung, der zwischenmenschlichen Beziehungen und des Selbstbildes. Es wird durch folgende Merkmale gekennzeichnet:

- Es liegt ein Muster instabiler, zugleich intensiver Beziehungen vor, das zwischen Überidealisierung und Abwertung wechselt.
- Gezeigt wird häufig ein impulsives und selbstschädigendes Verhalten.
- Der affektive Bereich ist von Instabilität geprägt.
- Immer wieder wird starke Wut erlebt und gezeigt, insgesamt ist die Impulskontrolle mangelhaft.
- Häufig findet sich Suizidalität und selbstverletzendes Verhalten
- Es liegt eine Identitätsstörung vor, etwa im Selbstbild oder bezüglich der sexuellen Orientierung, der Lebens- und Berufsziele usw.
- Berichtet wird von einem chronischen Gefühl der Leere oder inneren Langeweile.
- Viele Betroffene können oder wollen nicht allein sein.

Es ist mittlerweile unstrittig, dass es sich bei der BPS um eine umschriebene psychische Erkrankung handelt, die in ihrem Vollbild eine schwere Beeinträchtigung bedeutet. Galt sie früher als kaum behandelbar, liegen inzwischen bewährte Konzepte für eine zwar langwierige, aber erfolgreiche Therapie vor. Viele Patientinnen (und Patienten) begeben sich allerdings nicht in fachgerechte Behandlung. Wenn sie Kinder haben, also Eltern werden, werden sie in den Kindertagesstätten oder Erziehungshilfen häufig mit ihren Auffälligkeiten bekannt.

Will man die Situation der Kinder von Eltern mit BPS erfassen, hilft es sich zu vergegenwärtigen, dass es sich bei einer Persönlichkeitsstörung im Kern immer um eine Interaktionsstörung handelt. Interaktion jedoch ist der Grundstoff für die kindliche Entwicklung; sie ist das, was die Eltern-Kind-Beziehung ausmacht. Entsprechend lassen sich die vorgenannten Merkmale ohne Mühe auf die Interaktionen zwischen dem Elternteil und dem Kind übertragen:

- Das Kind erlebt mit dem Elternteil keine stabile Beziehung, darf sich ihr aber auch nicht entziehen. In hoher Intensität kann es in dem einen Moment übertrieben gelobt und verwöhnt und einen Augenblick später verbal vernichtet werden.
- Da das gleiche unstete Beziehungsverhalten auch gegenüber weiteren Personen wie potenziellen Partnern, Großeltern, NachbarInnen usw. gezeigt wird, kann das Kind häufig auch keine verlässlichen Beziehungen zu Dritten erleben – womit ihm eine Chance zur Bewältigung der familiären Situation genommen ist.
- Das elterliche selbstschädigende Verhalten kann im Kind Ängste um den Elternteil oder um die Zukunft der Familie auslösen und verringert die Achtung des Kindes gegenüber dem Erwachsenen.
- Die Impulsivität ist für alle Aspekte des Elternverhaltens problematisch, günstigerweise sollten Eltern im Umgang mit ihren Kindern stattdessen reflektiert und berechenbar handeln.
- Ähnlich verhält es sich mit der Affektlabilität. Starke Stimmungsschwankungen sind eigentlich typisch für Kinder, während Eltern einer positive Grundhaltung und Emotionskontrolle zeigen sollten.

- Die Versorgung und Erziehung gerade von kleinen Kindern und Jugendlichen fordert auch stabile Eltern oft bis an die Grenzen. Wer seine Impulse von Wut, Erschöpfung oder Hilflosigkeit kontrollieren kann, vermeidet problematische Verhaltensweisen bis hin zu Misshandlung oder Vernachlässigung.
- Die Auswirkungen von Suizidalität auf Kinder wurden im Abschnitt Depression dargelegt. Selbstverletzendes Verhalten verwirrt das Kind, denn üblicherweise werden zum Beispiel Hautverletzungen mit einem Pflaster versorgt und sich nicht selbst zugefügt.
- Ein Kind kann unbewusst dazu genutzt werden, die gefühlte innere Leere und die Unfähigkeit zum Alleinsein zu überdecken. Die Nähe des Kindes jedoch kann kurz darauf beim Elternteil zum Trigger werden für Gefühle der Bedrohung, so dass es wieder weggestoßen wird.
- Tendiert das Kind jedoch eher zu einem Explorationsverhalten, taucht im Elternteil die Angst verlassen oder abgelehnt zu werden auf, so dass er die Autonomiebestrebungen des Kindes unterbinden wird.

Verlässliche Eltern-Kind-Beziehung und gelingende Erziehung beruhen auf einigen wenigen Faktoren. Zu ihnen gehören die unbedingte Wertschätzung des Kindes, die Durchgängigkeit und Vorhersagbarkeit des elterlichen Verhaltens, wie auch die Kontinuität in den zentralen Beziehungen und in den orientierenden Regelwerken. Genau an diesen Stellen liegen jedoch die Schwierigkeiten, die Eltern mit einer BPS haben. In der Folge entwickelt das Kind häufig einen unsicheren oder gar desorganisierten Bindungstyp. Das Erlernen von Regeln und Grenzen wird erschwert. In vielen Familien sind Stress und Chaos an der Tagesordnung.

Zu den Risiken einer Kindeswohlgefährdung: Nach Denecke (2005) stehen Mütter mit einer BPS in Gefahr, ihre Kinder (auch) körperlich zu misshandeln. Neben den Aspekten von Affektlabilität, mangelnder Impulskontrolle und instabilen Beziehungen kann dabei eine Rolle spielen, dass in den Müttern eigene biografische Traumatisierungen wie Gewalterfahrung u. a. aktualisiert werden. Insgesamt hat das beschriebene Beziehungs- und Erziehungsverhalten bei einer elterlichen BPS eine Nähe zur seelischen Misshandlung. Auch hier bedeutet dies, dass der Umgang mit dem Kind hauptsächlich von den psychischen Impulsen des Elternteils her gestaltet wird. Die Bedürfnisse des Kindes dagegen werden vielfach übersehen oder missachtet.

So kann sich der Kreis schließen: Als Ursachen einer BPS sind nach Hipp & Kleinz (2014) konstitutionell-neurobiologische Faktoren, ungünstige frühkindliche Bindungserfahrungen und Traumatisierungen anzunehmen. Tragischerweise ist nun zu beobachten, dass diese elterliche Erkrankung zu ähnlichen Entwicklungsbeeinträchtigungen bei den Kindern führen kann, womit die Störung also an die nächste Generation weitergegeben würde.

Suchtbelastung

Der Konsum von Alkohol, Drogen oder Medikamenten lässt sich unterscheiden, je nachdem welche Mengen eingenommen werden und welche körperlichen bzw. psychischen Folgeerscheinungen auftreten:

- risikoarmer Gebrauch
- riskanter Konsum
- gefährlicher bzw. schädlicher Konsum – Missbrauch
- Abhängigkeit – Sucht.

Circa 4 Mio. Menschen in Deutschland haben einen schädlichen (missbräuchlichen) Alkoholkonsum oder sind alkoholabhängig. Bei ca. 290 Tsd. Personen liegen Drogenmissbrauch oder -abhängigkeit vor. Ca. 1,4 Mio. Menschen gelten als medikamentenabhängig. Die weiteren Angaben gelten für den Alkoholkonsum:

Circa 2,6 Mio. Kinder und Jugendliche unter 18 Jahren haben einen Elternteil, der im Laufe seines Lebens eine Alkoholstörung (Missbrauch oder Abhängigkeit) entwickelt. Damit ist etwa jedes siebte minderjährige Kind zumindest zeitweise von einer elterlichen Alkoholstörung betroffen. Hinzu gezählt werden müssen noch ca. 5 bis 6 Mio. mittlerweile erwachsene Kinder alkoholbelasteter Eltern. (Zum Vergleich: Ca. 40 bis 60 Tsd. Kinder und Jugendliche haben einen Elternteil, bei denen ein Missbrauch oder eine Abhängigkeit von illegalen Drogen vorliegt, oder die mit Methadon substituiert werden.) Kinder suchtbelasteter Eltern gelten als die erstrangige Risikogruppe dafür, später im Leben selbst eine Suchtstörung oder eine andere psychische Störung zu entwickeln (vgl. Zobel 2001; Klein 2005). Mehr als 30 % der Kinder aus suchtbelasteten Familien werden selbst suchtkrank, und zwar meist bereits als Jugendliche oder junge Erwachsene.

Im Vergleich zu nichtbetroffenen Kindern, haben Kinder von alkoholbelasteten Eltern ein bis zu sechsfach erhöhtes Risiko, später selbst Alkohol zu missbrauchen oder abhängig zu werden. Väterliche Alkoholstörungen sind doppelt so häufig anzutreffen wie Alkoholstörungen bei Müttern. Das größte Risiko für Kinder liegt vor, wenn beide Eltern Alkohol missbrauchen oder davon abhängig sind.

Die Forschung geht mittlerweile von einem Bündel verschiedener Ursachen für die Transmission aus. Es sind genetische bzw. biologische Faktoren, Persönlichkeitsmerkmale des Kindes und Umwelteinflüsse, die miteinander zusammenhängen und darüber bestimmen, ob ein Kind später seinerseits eine Suchtproblematik entwickelt oder nicht. Es liegen – vor allem bei den Jungen – genetisch bedingte Veränderungen hinsichtlich der Alkoholverträglichkeit vor. Zudem sind Entwicklung und Erziehung der Kinder suchtgestörter Eltern häufig beeinträchtigt. Schließlich spielen Prozesse des Modelllernens eine Rolle; das heißt, die Kinder schauen sich bei den Eltern ab, wie diese mit Stress umgehen bzw. sich Entspannung verschaffen, wie sie ihre Konflikte in Familie und Beruf lösen und welche Rolle der Alkohol oder andere Suchtmittel dabei spielen.

Auswirkungen der Suchtbelastung auf Familie und Kinder

- Je nach Ausmaß wird die Suchtbelastung zum Dreh- und Angelpunkt des familiären Gefüges. Kein Familienmitglied kann sich diesem zentralen Geschehen entziehen. In aller Regel darf jedoch genau dies nicht angesprochen werden, das heißt die Suchtproblematik wird zumindest in der Anfangsphase tabuisiert.
- Die entsprechenden Wahrnehmungen und Empfindungen der Kinder werden abgetan oder verneint. Entsprechend irritiert und allein gelassen fühlen sie sich.
- In vielerlei Hinsicht sind die familiären Grenzen unklar oder verwischt. Vater oder Mutter kommen ihrer eigentlichen Elternrolle nicht nach, vitale elterliche Erziehungsleistungen gehen verloren. Zum Teil übernehmen Kinder Elternaufgaben oder werden zum Partnerersatz.
- Es gibt im Laufe der Suchtentwicklung vermehrte Spannungen und Streitigkeiten in der Familie. Die Verantwortung sieht der betroffene Elternteil nicht bei sich, vielmehr wird die „Schuld" den Kindern, dem Ehepartner, anderen Personen oder äußeren Faktoren zugeschoben.
- Die familiäre Atmosphäre ist geprägt von Instabilität, Willkür und emotionaler Kälte. Die Kinder werden erzogen in einer Mischung von übermäßiger Strenge und Härte einerseits und Nachgiebigkeit und Inkonsistenz andererseits. Da sich alles auf die Sucht konzentriert, werden die Kinder nur ungenügend gefördert – sie interessieren den betroffenen Elternteil im Grunde oft gar nicht.
- Nach außen werden die familiären Probleme, solange es geht, verschwiegen, so dass auch Hilfe die Familie nicht erreichen kann. Bestimmte Familienstressoren wie Konflikte, Scheidung, Arbeitslosigkeit und finanzielle Probleme sind überdurchschnittlich oft gegeben.

„In einigen suchtbetroffenen Familien schlagen sich die Kinder ganz auf die Seite des nicht-abhängigen Elternteils und sprechen nur noch negativ über den Suchtkranken. Andere verteidigen den abhängigen Elternteil als den vermeintlich Schwächeren gegen die Vorwürfe des anderen. Meistens jedoch empfinden die Kinder in ihrem Herzen zwiespältig über diesen Vater, diese Mutter. In den trockenen Phasen, in denen kein Alkohol konsumiert wird, zeigt sich der Elternteil häufig von einer liebenswerten und zugewandten Seite. Schwierig wird es dann für die Kinder, wenn sich die gleiche Person unter dem Einfluss von Alkohol in eine ganz befremdliche und abweisende Art verkehrt. Manche Kinder schildern diesen Wechsel, als hätten sie zwei Väter beziehungsweise zwei Mütter" (Homeier & Schrappe 2009).

Zu den Risiken einer Kindeswohlgefährdung: Liegt eine elterliche Alkoholstörung vor, kann es vermehrt zu familiärer Gewalt kommen, also einer körperlichen Misshandlung des anderen Elternteils oder der Kinder. Für Kinder ist es bereits eine schwere Belastung, wenn sie bloß Zeuge von Gewalt in der elterlichen Partnerschaft werden. Auch die Gefahr sexueller Übergriffe ist in diesen Familien erhöht, was mit der abgesenkten Hemmschwelle, der Realitätsverleugnung und dem Ausgeliefertsein der schwächeren Familienmitglieder zusammenhängen dürfte.

Sicherung des Kindeswohls

Es liegt in der Natur elterlicher psychischer Erkrankungen, dass in ihrem Zusammenhang auch über das Risiko einer Entwicklungsgefährdung oder einer regelrechten Kindeswohlgefährdung gesprochen werden muss. Sie muss in aller fachlichen Nüchternheit im Auge behalten werden, ohne die Arbeit mit psychisch erkrankten Eltern und ihren Kindern nun als eine ständige Gefahrenabwehr misszuverstehen. Vielmehr ist es der beste Kinderschutz, zu allen Familienmitgliedern eine gute, verständnisvolle Zusammenarbeit aufzubauen, um möglichen Zuspitzungen durch ein ausreichendes Hilfenetz vorzubeugen oder im Falle einer Eskalation die erforderlichen Maßnahmen durchzuführen.

Die folgenden Ausführungen beziehen sich überwiegend auf den Übersichtsartikel von Deneke (2005), dort finden sich weiterführende Hinweise auf die zugrundeliegenden Studien. Die Ergebnisse lassen sich in der Weise zusammenfassen, dass das Risiko von Vernachlässigung, sexueller Gewalt sowie körperlicher oder psychischer Misshandlung bei Kinder psychisch erkrankter Eltern zwar erhöht ist – aber die dabei zentralen psychischen Störungen und die häufigsten Gefährdungsformen andere sind, als man gemeinhin vermuten würde.

Körperliche Misshandlung:

Eltern mit einer schizophrenen oder affektiven Psychose haben kein deutlich erhöhtes Risiko, ihre Kinder zu misshandeln. Körperliche Angriffe sind selten und erfolgen zumeist im Rahmen von Wahnvorstellungen bei floriden Psychosen oder bei einer manischen Eskalation. Auch bei Ersterkrankungen oder bei unbehandelten bzw. ungünstigen Krankheitsverläufen kann eine besondere Aufmerksamkeit angezeigt sein.

Die Tötung eines Kindes im Rahmen eines erweiterten Suizids ist sehr selten. Bei akuter Suizidalität eines schwer depressiv erkrankten Elternteils sollte abgeklärt werden, ob in den Selbsttötungsvorstellungen die Kinder beteiligt sind oder nicht. Körperliche Misshandlung findet sich dagegen – im Vergleich zu psychisch stabilen Eltern – häufiger bei Eltern mit einer dissozialen oder einer Borderline-Persönlichkeitsstörung, insbesondere wenn weitere belastende Faktoren hinzukommen. Auch eine Abhängigkeitserkrankung ist ein signifikanter Risikofaktor. Bei der Borderline- bzw. emotional-instabilen Persönlichkeitsstörung ist vor allem die mangelnde Impulskontrolle zu beachten, außerdem können sich bei dem Elternteil in kritischen Situation mit dem Kind eigene biographische Misshandlungs- oder Missbrauchserfahrungen aktualisieren.

Vernachlässigung:

Eine gewisse Vernachlässigung des Kindes ist allgemein damit zu verstehen, dass der Elternteil einen erheblichen Teil seiner Ressourcen auf die Bewältigung der eigenen Situation verwenden muss. Auch die Verkennung der kindlichen Signale kann eine Vernachlässigung nach sich ziehen. In besonderer Weise kann die Pflege und Erziehung des Kindes vernachlässigt sein, wenn der betreuende Elternteil unter einer Depression oder der Negativsymptomatik einer schizophrenen Psychose leidet oder suchtkrank ist, so dass die erforderlichen Elternaktivitäten nicht gezeigt werden.

Sexueller Missbrauch:

Bei den klassischen psychischen Erkrankungen wie der schizophrenen Psychose, der Depression oder der bipolaren Störung berichtet Deneke nicht von einem erhöhten Risiko des sexuellen Missbrauchs. Jedoch kann es in Familien, wo ein Elternteil eine Suchterkrankung oder eine Persönlichkeitsstörung z. B. vom dissozialen oder emotional-instabilen Typ aufweist, vermehrt zu sexueller Gewalt kommen.

Psychische Misshandlung:

In der Literatur etabliert sich die psychische Misshandlung zunehmend als vierte Erscheinungsform von Kindeswohlgefährdung und dies aufgrund der Beschäftigung mit einer elterlichen psychischen Erkrankung. Deneke zitiert die Definition von Brassard und Hardy (2002), derzufolge psychische Misshandlung „ein wiederholtes Verhaltensmuster der Pflegeperson oder ein wiederholtes Muster extremer Vorfälle (ist), das dem Kind zu verstehen gibt, es sei wertlos, mit Fehlern behaftet, ungeliebt, ungewollt, gefährdet oder nur dazu nütze, die Bedürfnisse eines anderen Menschen zu erfüllen“ (Deneke 2005, S. 143). Deneke schließt sich der Meinung an, dass bei elterlicher psychischer Erkrankung nicht die körperliche Misshandlung, sexuelle Gewalt oder Vernachlässigung am häufigsten ist, sondern die psychische Misshandlung, auch wenn sie am wenigstens untersucht sei. Sie zählt dazu vor allem die emotionale Unerreichbarkeit der Bezugspersonen, die gezeigte Feindseligkeit gegenüber dem Kind oder die subtilen oder offenen Prozesse der Parentifizierung des Kindes.

Schlussfolgerungen für den Kindesschutz:

Deneke fasst zusammen, „dass die psychische Krankheit der Eltern je nach Definition ein wichtiger, wenn nicht überhaupt der ausschlaggebende Faktor für Kindesmisshandlung ist, und dass dabei die bisher wenig berücksichtigte psychische Misshandlung die häufigste und womöglich am stärksten zerstörerisch wirkende Form zu sein scheint" (Deneke 2005, S. 145). Der Vollständigkeit halber sei hinzugefügt, dass eine psychische Misshandlung in einem eventuellen familiengerichtlichen Verfahren besonders schwer nachzuweisen ist.

Mit dieser zweifachen Fokusverschiebung – von den klassischen psychischen Erkrankungen hin zu den Persönlichkeitsstörungen und Suchterkrankungen, von Gewalt und Vernachlässigung hin zur psychischen Misshandlung – erklärt sich, dass in der Zusammenarbeit mit psychisch erkrankten Eltern und ihren Kindern zumeist keine hektischen Kinderschutz-Maßnahmen angezeigt sind, sondern eine sorgfältige Analyse der Situation und eine schrittweise Verbesserung der kindlichen Situation. Man kann sich dabei nach Deneke von folgenden Fragen leiten lassen:

- Wie steht es um die Eltern-Kind-Beziehung? Zeigen sich die Eltern responsiv und ausreichend einfühlsam? Schätzen sie die Bedeutung der kindlichen Signale richtig ein und reagieren angemessen darauf?
- Aktualisieren die Eltern in der erzieherischen Situation ihre eigenen belasteten biographischen Erfahrungen von Misshandlung, Vernachlässigung oder sexueller Gewalt?
- Neigen die Eltern im Hinblick auf die elterliche Sensitivität und Responsivität in der Interaktion mit dem Kind eher zur Unterstimulation, zur Überstimulation oder verhalten sie sich vor allem unberechenbar?

Eine Versorgung und Erziehung des Kindes ist dann positiv, wenn es dem Elternteil gelingt, seine Interaktionen „vom Kind her" zu entwickeln, also von den eigenen elterlichen Befindlichkeiten eher abzusehen und sich in die kindliche Bedürfnislage einzufühlen. Dass es sich dabei bei genauerer Hinsicht um eine psychische Meisterleistung handelt, macht der Vergleich mit psychisch belasteten Eltern deutlich. Weil sie so mit ihren eigenen psychischen Prozessen beschäftigt sind, ist oft auch der Umgang mit dem Kind davon geprägt – und das Risiko groß, die

Situation des Kindes zu verkennen. Zur Entwicklungsgefährdung und zur Kindeswohlgefährdung sind es dann nur graduelle Unterschiede. „Zusammenfassend ist zu sagen, dass elterliche psychische Krankheit dann schwerwiegende Folgen für die seelische Entwicklung der Kinder hat, wenn sie die intuitiven Verhaltensweisen und die selbstreflexive Funktion der Eltern so beeinträchtigt, dass Misshandlung und Vernachlässigung möglich sind, dass ein pathologischer Interaktionsstil vorherrscht und eine rigide Rollenzuschreibung die Kinder in der Entfaltung ihrer eigenen Persönlichkeit behindert" (Deneke 2005, S. 150).

Teil 2
Potenziale von Beratung

Zuständigkeiten und Zugangswege

Wer sich Ende der 1990er Jahre anschickte, in den Erziehungs- und Familienberatungsstellen spezifische Angebote für Kinder und ihre psychisch erkrankten Eltern zu entwickeln, bekam gerne einmal zu hören, dass dies keine Aufgabe für die Jugendhilfe (SGB VIII) bzw. für solche Beratungsstellen sei. Vielmehr seien dafür die medizinisch-psychiatrische Versorgung (SGB V) oder die Eingliederungshilfe (SGB XII) zuständig. Abgesehen davon, dass sich diese Aussage bei genauer Lektüre des SGB VIII als unhaltbar erweist, erscheint sie umso verwunderlicher, als dass diese Familien sehr wohl bereits zahlreich in der Jugendhilfe vertreten waren und zwar vor allem in den intensiven und kostenträchtigen Hilfen wie Heimerziehung, Vollzeitpflege oder in der Sozialpädagogischen Familienhilfe. Wie sah bzw. sieht die Situation allgemein in den verschiedenen Arten von Beratungsstellen aus?

- In den Sozialpsychiatrischen Diensten, mancherorts auch Beratungsstelle für Seelische Gesundheit genannt, spielten und spielen die Kinder keine große Rolle. Die Angebote richten sich in der Hauptsache an Erwachsene und ihre Angehörige. Im Prinzip dürfen zwar Kinder als minderjährige Angehörige diese Dienste aufsuchen bzw. von den betroffenen Eltern einbezogen werden, aber davon wird nur gelegentlich Gebrauch gemacht. Allenfalls in den Beratungsgesprächen mit den psychisch erkrankten Erwachsenen kommen Themen der Elternschaft und Erziehung zur Sprache. Zudem hat nur eine Minderheit aus dieser Klientel überhaupt eigene Kinder oder lebt mit diesen zusammen.
- In den Schwangerschaftsberatungsstellen lag und liegt der Beratungsauftrag verständlicherweise bei anderen Themen.

Entsprechend selten werden psychische Krisen von den werdenden Müttern bzw. Vätern angesprochen. Hinweise auf das Risiko erstmaliger postpartaler Krisen oder eines erneuten Auftretens einer früheren psychischen Erkrankung werden zwar manchmal gegeben, aber noch nicht genug aufgenommen. Gleiches gilt für die Vermittlung der Unterstützungsmöglichkeiten. Es ist eher eine Aufgabe für die Zukunft, dass Schwangerschaftsberatungsstellen im Hinblick auf postpartale Krisen und frühe Bindungsstörungen präventiv tätig werden.

- In den Partnerschafts-, Familien- und Lebensberatungsstellen, die zumeist von Verbänden der freien Wohlfahrtspflege getragen werden und je nach Bundesland allenfalls eine anteilige öffentliche Förderung erfahren, kommen psychische Störungen naturgemäß häufiger zur Sprache. Bei der Klientel handelt es sich um Erwachsene, von denen ein Teil auch Kinder hat. Hier gilt dann vieles von dem, was im Folgenden über die Erziehungsberatungsstellen gesagt wird. Unter den Klientinnen und Klienten, die in diesen Diensten nach beraterisch-therapeutischer Hilfe fragen, werden sich zudem etliche erwachsene Kinder psychisch erkrankter Eltern befinden, die sich – womöglich im Vorfeld einer eigenen psychischen Störung – Unterstützung bei der Lebensbewältigung und bei dem Umgang mit den biografischen Erfahrungen oder den noch lebenden Elternteilen wünschen.

„Nicht zuständig? Erst einmal schon!"

Vergegenwärtigt man sich, dass Kinder und ihre psychisch belasteten Eltern

- sozial oft scheu sind und sich nur wenigen Menschen gegenüber öffnen,
- ihre krankheitsbedingten Probleme erst einmal lieber für sich behalten und
- nur selten spezifische, familienbezogene Angebote vorfinden,

dann lässt sich daraus die Forderung ableiten, dass zunächst einmal jede Person, jede Fachkraft und jede Einrichtung, die eine tragfähige Beziehung zu einem betroffenen Kind oder Elternteil aufgenommen und von den Schwierigkeiten erfahren hat, zumindest so lange Sorge tragen sollte, bis die Familie bei einer geeigneten Hilfestelle angekommen ist. Dies kann für die drei vorgenannten Typen von Beratungsstellen zutreffen, wie auch für weitere Dienste der psychosozialen oder therapeutischen Versorgung, für Multiplikatoren aus dem Kindertagesstätten- oder Schulbereich, für Verantwortliche aus Kirche, Jugendarbeit, Verein, Nachbarschaft usw. Die gewachsene Vertrauensbeziehung ist entscheidend dafür, ob sich ein Kind, ein Elternteil oder die ganze Familie öffnet und Hilfe annimmt.

Die Zuständigkeit und Eignung von Erziehungsberatungsstellen für Kinder und ihre psychisch erkrankten Eltern ergibt sich klar aus dem gesetzlichen Auftrag zur Bereithaltung von Hilfen zur Erziehung. Eine „dem Wohl des Kindes oder des Jugendlichen entsprechende Erziehung" kann in den Familien aufgrund der elterlichen Einschränkungen oftmals nicht gewährleistet werden. Erziehungsberatung als ambulanter, niederschwelliger Beratungsdienst kann in einer Vielzahl von Familien als Hilfe für die kindliche Entwicklung „geeignet" und aufgrund des Belastungsgrads der Kinder und ihre Eltern auch „notwendig" sein, so der Bezug zu den Kriterien § 27 SGB VIII.

Auch die Merkmale des § 28 SGB VIII für Erziehungsberatung sind bei diesen Familien gegeben: Liegt eine elterliche psychische Erkrankung vor, kann Erziehungsberatung „bei der Klärung und Bewältigung individueller und familienbezogener Probleme und der zugrunde liegenden Faktoren unterstützen". Auch die „Lösung von Erziehungsfragen" ist eine Aufgabe, die sich häufig stellt, denn auch Familien mit einem psychisch erkrankten Elternteil haben oft ganz normale Erziehungsfragen, deren Bearbeitung jedoch unter vielfach erschwerten Bedingungen stattfindet. Schließlich ist ein besonderer Pluspunkt von Erziehungsberatungsstellen in diesem Zusammenhang, dass in ihnen „Fachkräfte verschiedener Fachrichtungen zusammenwirken, die mit unterschiedlichen methodischen Ansätzen vertraut sind", also zumeist Fachkräfte mit Sozialpädagogik- oder Psychologie-Ausbildung und therapeutischen Zusatzqualifikationen.

Wenn es nun mit Bezug auf den gesetzlichen Auftrag unstrittig sein dürfte, dass ein Engagement von Erziehungsberatungsstellen für Familien mit einem psychisch erkrankten Elternteil angezeigt ist, schien es früher noch in das Belieben der fachlichen Ausrichtung der Einrichtung gestellt, ob sie sich mit diesen Familien befassen wollte oder nicht. Inzwischen ist es aber mehr und mehr zu einer Selbstverständlichkeit geworden, dass diese Familien zur Klientel jeder Erziehungsberatungsstelle gehören, und dass die Grundsätze guten fachlichen Handelns erfordern, auf die Bedarfe dieser Zielgruppe in spezifischer Weise einzugehen. Auch der Hinweis auf eine vorhandene Auslastung der Beratungsstelle reicht bei genauer Betrachtung nicht aus, um die Zielgruppe der psychisch erkrankten Eltern und ihrer Kinder auszugrenzen, denn die Not in diesen Familien ist mitunter so groß, dass ihre Unterstützung oftmals als vorrangig gegenüber anderen Fallanfragen gelten muss. Beratungsstellen – und hier vor allem die Erziehungs- und Familienberatungsstellen – sind in vielen Fällen geradezu prädestiniert dazu, Kindern und ihren psychisch erkrankten Eltern die notwendige Unterstützung zu geben. Erziehungsberatungsstellen können wirksam helfen, sie sind dafür gut aufgestellt, viele Familien profitieren deutlich – und den Fachkräften kann diese Arbeit mitunter sogar Freude und Zufriedenheit bereiten.

Wie sieht es nun mit der Inanspruchnahme der Erziehungsberatungsstellen tatsächlich aus? Familien mit einem psychisch erkrankten Elternteil

- befanden sich schon immer unter den Ratsuchenden solcher Einrichtungen (gaben sich aber oft nicht zu erkennen bzw. wurden nicht als solche identifiziert),
- suchen diese Stellen inzwischen zunehmend mit explizitem Hinweis auf die psychische Erkrankung auf (hierfür ist aber eine entsprechende Qualifizierung und Teamentwicklung hilfreich, damit die Familien ihnen Kompetenz zubilligen),
- und sollten die Erziehungs- und Familienberatung in Zukunft immer mehr als ein Angebot nutzen, durch das Hilfe gegeben

oder vermittelt wird (dazu müsste die Öffentlichkeitsarbeit ausgebaut und bei Kooperationspartnern eine aktive Zuweisungspraxis etabliert werden).

Alle Einrichtungen stehen vor der großen Herausforderung, die Familien mit einem psychisch belasteten oder erkrankten Elternteil als solche zu identifizieren, in Kontakt mit ihnen zu kommen und sie dann bei Bedarf in eine Hilfe zu vermitteln. Gewiss ist häufig der Erwachsene in einer psychiatrisch-psychotherapeutischen Behandlung oder das Kind beim schulpsychologischen Dienst vorstellig und die jeweiligen Fachkräfte machen ihre Arbeit auftragsgemäß. Doch immer noch geschieht es viel zu selten, dass diese Puzzleteile zusammengefügt werden und ein Gesamtbild entsteht, dass man hier eine Familie mit einem psychisch erkrankten Elternteil vor sich hat.

Wenn dieser Schritt getan sein sollte, erhebt sich die nächste Schwierigkeit, wie nämlich eine passende, systemische Hilfe gefunden werden und die Familie zur Inanspruchnahme motiviert werden kann. Nehmen wir einmal den positiven Fall an, dass es in der Stadt oder Region ein besonderes Projekt, eine familienorientiert arbeitende Praxis oder eine einschlägig qualifizierte Erziehungsberatungsstelle gibt, genügt es trotzdem nicht, den Eltern eine Visitenkarte oder einen Flyer auszuhändigen. Aller Erfahrung nach ist es für eine erfolgreiche Zuweisung oft erforderlich, dass diejenige Stelle, bei der sich das Kind oder der Erwachsene bereits in gutem Kontakt befindet, eine Art „Erste Hilfe“ leistet und die familiären Implikationen einer elterlichen Erkrankung anspricht. So behutsam, dass die Familie ihre Angst vor dem Thema überwindet und die Chance einer Unterstützung spürt. Daran lässt sich dann eine Weiterverweisung anknüpfen.

Ergänzend oder alternativ dazu machen sich engagierte Fachkräfte die Mühe und beteiligen sich bei dem Erstkontakt mit der Einrichtung, an die die Familie vermittelt werden soll. Entweder gehen sie mit und erleichtern damit – quasi als Sicherheit gebende Person – den Zugang, oder sie laden die Kollegin, den Kollegen der kooperierenden Stelle ein und vollziehen die Fallübergabe damit an einem für die Ratsuchenden vertrauten Ort. Wenn die belasteten Eltern oder die Kinder den Weg von der einen Einrichtung zu einer anderen aus Scheu oder Unsicherheit nicht schaffen, dann sollten sich eben die Fachkräfte bewegen. Oft kommt erst dadurch die erforderliche Unterstützung zustande, was den Mehraufwand lohnt.

Es ist natürlich das gute Recht von Ratsuchenden, der Fachkraft nur einen Teil der persönlichen oder familiären Wirklichkeit mitzuteilen. Sie begnügen sich mit einem Problem, das im Zentrum der Beratung stehen soll oder das ohne große Überwindung offen gelegt werden kann. Andere familiäre Belastungen werden nicht erwähnt, entweder weil die Personen glauben, sie aus eigener Kraft bewältigen zu können, oder sie keinen Zusammenhang mit dem vorgestellten Problem oder Verhalten vermuten oder sie Angst oder Scham empfinden. Viele Ratsuchende trauen sich erst nach einigen Sitzungen, wenn eine verlässliche Arbeitsbeziehung zur Beraterin oder zum Berater aufgebaut werden konnte, ihre „Geheimnisse" wie Straffälligkeit, Überschuldung, unkonventionelles Sexualverhalten, konfliktträchtige ideologische oder religiöse Ansichten oder eben das Vorhandensein psychischer Störungen zu veröffentlichen.

Im Kontext psychischer Erkrankungen stellt sich das Problem der Tabuisierung aber als besonders schwerwiegend dar. Bei manchen Störungen gehört die fehlende Krankheitseinsicht zum Störungsbild, bei Sucht ist die Verleugnung gar eher die Regel als die Ausnahme. Außerdem fehlt oft die Übung, solche inneren Vorgänge zu benennen und zu reflektieren. Zu guter Letzt kommt noch die weit verbreitete Angst hinzu, durch das Erwähnen psychischer Probleme die Erziehungsfähigkeit abgesprochen zu bekommen, die Kinder zu verlieren. Mehr als bei anderen Familiengeheimnissen müssen die Fachkräfte und mit ihnen die Einrichtung als Ganze also vielfältige Bemühungen unternehmen, so dass die Ratsuchenden leichter über ihre psychischen Beeinträchtigungen sprechen.

Hinweise zum Erstkontakt

- Nehmen Sie die Frage nach einer aktuellen oder zurückliegenden psychischen Krise oder Behandlung in die Standardfragen bei der Anamneseerhebung auf!
- Sprechen Sie über psychische Probleme mit der gleichen Selbstverständlichkeit, wie Sie sich nach pflegebedürftigen Angehörigen oder finanziellen Schwierigkeiten erkundigen!
- Fragen Sie interessiert und verständnisvoll nach, wenn Ihnen von einem „mehrwöchigen Erschöpfungszustand" oder einem „Kuraufenthalt nach Geburt der Tochter" berichtet wird!
- Vermeiden Sie dabei Krankheitsbegriffe oder Diagnosen und verwenden besser Alltagsbegriffe wie Müdigkeit, Verwirrung, Gedankenkreisen, Launenhaftigkeit usw.!
- Versuchen Sie, aktiv die Angst zu nehmen, indem Sie nicht vorschnell die geschilderten Anmeldegründe auf die psychische Erkrankung zurückführen, oder indem Sie darauf verweisen, dass alle Menschen irgendwann einmal in eine Krise geraten, wo sie Rat benötigen!
- Übersetzen Sie die Schilderung psychischer Probleme in einen Anspruch der Betroffenen, von der Umgebung oder den Versorgungssystemen Hilfe zu erhalten, vergleichbar einem Unfallbeteiligten mit langdauernden Einschränkungen!
- Platzieren Sie z. B. im Wartebereich der Beratungsstelle Broschüren, Kinderbücher usw., die die psychische Erkrankung eines Elternteils thematisieren und Hilfe anbieten!
- Zeigen Sie sich und Ihre Einrichtung als kompetent hinsichtlich psychischer Erkrankungen und ihrer Folgen für die Familie!

Die Eignung insbesondere der Erziehungs- und Familienberatungsstellen für Familien mit einem psychisch erkrankten Elternteil bedeutet nicht, dass diese Einrichtungen nun auch für alle Bedarfe einer Familie zuständig sein könnten oder müssten. Die Fachkräfte haben zwar alle Mitglieder der Familie im Blick – die Kinder und die Erwachsenen – aber letztere vor allem in ihrer Rolle als Eltern, d. h. als Erziehungsverantwortliche. Wenn eine

Erziehungsberatungsstelle nach §§ 16-18, 27-28 SGB VIII sich innerhalb ihres Auftrags bewegt, bezieht sie sich vor allem auf die minderjährigen und erwachsenen Familienmitgliedern mit ihren Rollen „Kind" und „Eltern". Nur im Rahmen des § 17 kommen auch die Rollen der Erwachsenen als „Partnerin/Partner" hinzu. Wie sieht es mit den anderen Beratungsstellen aus?

- In den Schwangerschaftsberatungsstellen können, bei entsprechend systemischer Herangehensweise und für die kurze Phase vor und nach Schwangerschaft und Geburt, die verschiedenen Rollen der Erwachsenen in den Blick genommen werden: Person, Partner/in, Elternteil. Der Schwerpunkt liegt allerdings bei den Fragen und Problemen der werdenden Mutter oder des Vaters.
- In den Sozialpsychiatrischen Diensten liegt der Fokus auf der Rolle der Person. An ihr wird die psychische Krise oder Erkrankung festgemacht. In der Angehörigenarbeit werden häufig die Partner bzw. Partnerinnen einbezogen, damit kommt die Partnerschaftsebene hinzu. Die Rolle als Mutter oder Vater wird je nach fachlicher Ausrichtung der Einrichtung bzw. der Fachkraft mehr oder weniger thematisiert. Eine Elternberatung im Sinne einer Erziehungsberatung ist eher selten und fiele auch nicht mehr in den Auftrag eines solchen Dienstes.
- Die Ehe-, Familien- und Lebensberatungsstellen können, je nach örtlicher Konzeption und Beauftragung, eine relativ umfassende Bearbeitung der verschiedenen Ebenen bzw. Rollen leisten. Sowohl die einzelne Person kann eine Beratung oder Therapie erfahren oder das Paar in Fragen der Partnerschaft beraten werden, wie auch die ganze Familie hinsichtlich der Eltern-Kind-Beziehungen. Diese EFL-Stellen haben allerdings nicht die gesetzliche Aufgabe der Erziehungsberatung nach § 28 SGB VIII und sind nur teilweise in die Jugendhilfelandschaft integriert. Eine ausdrückliche Kindertherapie oder Erziehungsberatung ist meistens nicht im Angebot enthalten.

Im Hinblick auf die genannten Ebenen bzw. Rollen, haben die integrierten Beratungsstellen das größte Leistungsspektrum für die betroffenen Familien, wenn also Erziehungsberatung mit

Partnerschafts-, Familien- und Lebensberatung oder mit der ambulanten sozialpsychiatrischen Unterstützung kombiniert wird. Wenn die in diesen Diensten tätigen Teams mit sozialpädagogisch oder psychologisch ausgebildeten Fachkräften mit psychotherapeutischer Zusatzqualifikation auch Fachärzte und -ärztinnen für Psychiatrie einschließen, hätte die dabei entstehende Einrichtung alle Zugänge und Kompetenzen, um zumindest im ambulanten Bereich die meisten Bedarfe der Familien mit einem psychisch erkrankten Elternteil abzudecken. Bis es solche Stellen einmal in der Realität gibt, muss man in der Fallarbeit entsprechende Kooperationen herstellen, siehe dazu Teil 3 in diesem Band.

Die Stärke von Erziehungsberatungsstellen und damit zugleich ihre Verantwortlichkeit liegt darin, dass sie von ihrem Auftrag her familienbezogen vorgehen, also sowohl die Kinder als auch die Eltern Unterstützung erfahren und an den Beziehungen innerhalb und außerhalb der Familie gearbeitet wird. Aus den genannten Rollen der Erwachsenen wird die Elternfunktion in den Mittelpunkt gestellt. Behandelt werden damit Fragen von Versorgung, Bindung, Erziehung, Elternkooperation, Kindeswohl usw. Nicht zu den Aufgaben von Erziehungs- und Familienberatungsstellen gehört die Behandlung der psychischen Störung selbst, ebenso wenig die Verbesserung der Teilhabe des betroffenen Erwachsenen. Hierfür ist es erforderlich, dass die betroffenen Erwachsenen gleichzeitig Hilfe bei PsychiaterInnen oder PsychotherapeutInnen als Leistung des SGB V bzw. Eingliederungshilfe gemäß SGB XII erhalten.

Was Kinder und Eltern brauchen

Nehmen wir einmal an, eine Beratungsstelle sieht sich als zuständig an für Familien mit einem psychisch erkrankten Elternteil und die betroffenen Kinder und Eltern suchen diese Stelle auf – was brauchen sie eigentlich? Antworten erhalten wir natürlich von den Ratsuchenden selbst, indem wir sie fragen. Manchmal haben diese Familien aber nur sehr vage Vorstellungen davon, wie eine Verbesserung aussehen könnte. Zudem fehlt ihnen unter Umständen – nach Jahren der Rückschläge – die Hoffnung oder die innere Erlaubnis, Veränderungen anzustreben. Außerdem lässt es manchmal die erlernte Tabuisierung noch nicht zu, die eigenen Entwicklungswünsche auszusprechen. Aus diesem Grund kann es sinnvoll sein, dass die Beratungsfachkraft auch ihrerseits über eine Vorstellung der Bedarfe von Kindern und Erwachsenen verfügt. Die folgende Auflistung beruht auf Auswertung von Beratungsprozessen, Selbstschilderungen in der Literatur und Befragungen im Rahmen von Forschungsarbeiten.

Was Kinder brauchen

Aufklärung über die elterliche Erkrankung

Kinder erfahren dabei, dass die elterlichen Verhaltensweisen (z. B. „Mutter steht morgens nicht auf und macht mir kein Schulbrot") Ausdruck innerer Prozesse bei Vater oder Mutter sind und nur wenig mit dem Kind zu tun haben, auch wenn dieses die Folgen zu spüren bekommt. Die Aufklärung zielt beim Kind auf eine veränderte Kausalattribution. Nicht es ist „schuld", sondern der Ursprung liegt beim Elternteil und wird von den Fachleuten mitunter als eine Erkrankung gewertet.

Ende der Verleugnung und Sprachlosigkeit

Nicht genug damit, dass viele Kinder sehr irritierende Erfahrungen machen – zusätzlich werden sie dadurch belastet, dass sie aufgrund der wahrgenommenen Verpflichtung zur Verschwiegenheit keine Chance haben, sich darüber mit anderen auszutauschen. Das Aussprechen der Erlebnisse und die Erfahrung dass man dem Kind glaubt, können unmittelbar das Befinden des Kindes verbessern. Voraussetzung ist, dass das Kind von mindestens einem Elternteil die Erlaubnis bekommt, sich über die familiären Ereignisse Anderen mitzuteilen.

Hilfe in der emotionalen Verarbeitung

Wie in Teil 1 geschildert, empfinden Kinder eine Vielzahl starker, zum Teil entgegengesetzter Gefühle, die sie nicht einordnen oder zum Teil auch nicht bei sich akzeptieren können. Gut ist es daher für Kinder, wenn Sie durch eine andere Person erfahren, dass ihre verschiedenen Gefühle angemessen und damit okay sind und eine nachvollziehbare Reaktion auf die elterlichen Verhaltensweisen darstellen. In einem zweiten Schritt profitieren Kinder, wenn sie Hilfestellung beim Emotionsmanagement, also beim Umgang mit ihren Gefühlen erfahren.

Behandlung der Krankheit des Elternteils

Kinder wünschen sich nichts so sehr, als dass Mutter oder Vater wieder gesund werden. Zumindest hilft es ihnen, wenn der Elternteil sich aktiv um die Behandlung bemüht und die ÄrztInnen und PsychotherapeutInnen sich damit Mühe geben. Es entlastet, wenn sich andere Erwachsene um den Elternteil kümmern – und sie nicht als „kleine pflegende Angehörige" tätig werden müssen.

Entlassung aus unangemessenen Rollen

Kinder geraten in diesen Familien leicht in die Rolle des Partners, der Partnerin des betreffenden Elternteils oder sie übernehmen die Elternfunktion gegenüber jüngeren Geschwistern. Manche sorgen um die Kontakte zu Nachbarschaft und Schule, kümmern sich um Haushalt und Finanzen oder um die Pflege des Elternteils. Auch wenn diese Rollen den Kindern ein Gefühl von Wichtigkeit und Selbstwirksamkeit geben, tun sie ihnen auf lange Sicht nicht gut. Kinder brauchen es, dass andere Personen diese Rollen ausfüllen und sie Kind sein dürfen.

Freier Austausch mit der sozialen Umgebung

In Verbindung mit der Tabuisierung und Verleugnung der familiären Besonderheit, leben viele Kinder eng an der Seite der Eltern, ohne intensive Sozialkontakte mit Gleichaltrigen oder anderen außerfamiliären Bezugspersonen. Damit bringen sie sich um wichtige Voraussetzungen für die spätere Verselbständigung und Ablösung und um positive, korrigierende Erfahrungen mit nicht-belasteten Personen.

Zeitweiliger Schutz vor dem erkrankten Elternteil

Dies berührt Aspekte von Kindeswohlsicherung. Kinder möchten einer Situation, die sie überfordert oder gefährdet, aus dem Weg gehen. Dies kann dadurch erfolgen, dass eine Sicherheit gebende Person in die Familie dazukommt oder dass es eine vorübergehende Trennung eingeleitet wird. Diese Schutzmaßnahmen können oft zeitlich befristet werden, da die Erkrankungen in Phasen verlaufen und da das Kind innerlich in der Regel ambivalent gegenüber dem Elternteil fühlt.

Angemessene Erziehung, u. U. außerfamiliär

Auch wenn Kinder gerne gegen die Erziehungsweisen der Eltern protestieren, so profitieren sie doch davon. In Familien mit einem psychisch erkrankten Elternteil fällt diese Erziehungstätigkeit mangels Kraft oder Orientierung oft ungenügend aus. In bestimmten Konstellationen kann es geboten sein, dass das Kind besser (auch) von anderen Bezugspersonen miterzogen wird oder gar eine zeitweise außerfamiliäre Erziehung in einer Wohngruppe oder heilpädagogischen Tagesstätte.

Recht auf Ablösung und ein eigenes Leben

Kinder brauchen eine Anerkennung ihrer eigenen kindlichen Bedürfnisse durch die Eltern und die unterstützenden Fachkräfte. Dazu gehört auch die Aufgabe, sich altersgemäß vom Elternhaus abzulösen und ein eigenes Leben aufzubauen. Sicher können sich erwachsene Kinder auch weiterhin um ihre psychisch erkrankten Eltern kümmern, aber dies sollte in einem Maß erfolgen, das ihnen auch das selbständige Wohnen, eine Berufstätigkeit oder den Aufbau einer eigenen Partnerschaft erlaubt.

Auch wenn die Kinder ein größeres Mitgefühl hervorrufen und sie als minderjährige, abhängige Familienmitglieder eine besondere Unterstützung verdienen, so dürfen die Eltern dabei nicht aus dem Blick geraten. Auch sie sind oft in großer Not hinsichtlich ihrer Elternschaft und bräuchten umfassende Unterstützung. In der folgenden Liste wird also die Elternrolle der erkrankten Personen fokussiert.

Was Eltern brauchen

Anerkennung ihrer Elternrolle

Wenn psychisch belastete oder erkrankte Menschen eine Behandlung erfahren, richtet sich diese zumeist auf sie als einzelne Person. Weitere Aspekte wie die Partnerschaft oder die Berufstätigkeit werden vielleicht am Rande berücksichtigt – ganz ausgeblendet bleibt häufig die Rolle als Mutter oder Vater. Eltern brauchen es jedoch, dass ihre Elternfunktion und Erziehungstätigkeit in der Behandlung angesprochen wird. Anerkennung bedeutet hier aber noch mehr: Es wäre hilfreich, wenn die behandelnden Fachkräfte auch eine

Wertschätzung ausdrücken würden dafür, dass diese Mutter, dieser Vater trotz seiner erkrankungsbedingten Einschränkungen in aller Regel versucht, sich um die Kinder bestmöglich zu kümmern.

Angemessene Behandlung ihrer Erkrankung
Dass die Patientinnen und Patienten durch eine gute Behandlung eine Besserung oder Heilung erhoffen, tun sie nicht nur für sich, sondern auch, weil sie dann wieder wie früher ihre Elternaufgabe wahrnehmen möchten. Jeder Schritt der psychischen Stabilisierung kommt direkt der Beziehung zum Kind und der Erziehungsfähigkeit des Elternteils zugute.

Beratung und Unterstützung in der Erziehung
Selbst stabile Eltern benötigen immer wieder Hilfe bei der Erziehung ihrer Kinder – durch ihr privates Umfeld oder professionelle Fachkräfte. Psychisch belastete Eltern, denen für die Kindererziehung nur ein Teil der Kraft zur Verfügung steht, benötigen eine solche Hilfe umso mehr. Die Fragen können sich auf allgemeine Probleme der kindlichen Entwicklung oder der Erziehung richten oder auch speziell darauf, wie man die krankheitsbedingten Ausfälle in der Erziehungstätigkeit ausgleichen könnte. Bei einer elterlichen psychischen Krise ist Entlastung durch familienunterstützende und -ergänzende Hilfen ein Gebot der Stunde.

Hilfe beim Umgang mit den Kindern hinsichtlich der psychischen Erkrankung
Viele Eltern sind sich unsicher, ob und wie sie mit den Kindern über die Erkrankung sprechen sollen bzw. dürfen. In Verbindung von schwankender Krankheitseinsicht und fehlender Übung psychische Befindlichkeiten zu schildern, wünschen sich viele Eltern professionelle Unterstützung bei den Aufklärungsgesprächen mit den Kindern und bei ihrer weiteren Begleitung.

Vertrauensvolles Abwägen des Kindeswohls
Viele Eltern halten aus Angst, „die Kinder zu verlieren“, mit den Schwierigkeiten so lange hinter dem Berg, bis eine Gefährdung des Kindeswohls nicht mehr ausgeschlossen werden kann. Besser wäre es, letztlich auch für die Eltern, wenn sie frühzeitig das Gespräch darüber suchten, welche Hilfe sie für ihre Kinder und für sich als Eltern bekommen könnten – oder wo auch der Punkt erreicht ist, dass die Kinder vorübergehend zum Beispiel bei einer Pflegefamilie leben, damit die Mutter eine vernünftige stationäre Therapie wahrnehmen kann.

Der andere Elternteil hat, auch wenn er psychisch stabil ist, zum Teil ganz ähnliche Fragen und Bedarfe. In einer akuten Krankheitsphase des Partners, der Partnerin befindet er sich quasi in der Situation eines allein erziehenden Elternteils, die je nach Berufstätigkeit, sozialem Netzwerk und Kompetenz mehr oder weniger gut bewältigt werden kann. Hinzu kommt die Ebene der Partnerschaft, die in aller Regel durch die psychische Erkrankung beeinträchtigt oder zumindest verändert wird.

Die beiden Listen, was Kinder bzw. Eltern brauchen, zeigen die Möglichkeiten, aber auch Grenzen von Beratungsstellen auf. An die Grenzen kommen sie, wenn es zum Beispiel um die Sicherstellung der Versorgung eines Kleinkindes, um die vorübergehende Fremdunterbringung eines Kindes oder die Gewährleistung des Kindesschutzes in risikoreichen Krankheitsphasen geht. Sehr gut abdecken können dagegen Beratungsstellen diejenigen Bedarfe, wo es um die Wiederherstellung von Kommunikation, um Aufklärung und emotionale Unterstützung sowie generell um den Aufbau einer vertrauensvollen Arbeitsbeziehung zwischen Fachkraft und Elternteil geht. Arbeitet eine Beratungsstelle mit Familien, können ihre Fähigkeiten gefördert werden, mit solchen besonderen Belastungen umzugehen oder vielleicht daran sogar zu wachsen.

Einzel- und Familienberatung

Die Unterstützung von Familien mit einem psychisch erkrankten Elternteil kann zwar ihre durchaus anstrengenden und bedrückenden Seiten haben, aber zugleich befriedigend und leicht sein. Gewiss gelten die Kinder aufgrund vielfältiger Einschränkungen und Widrigkeiten zu Recht als Hochrisikogruppe und die Eltern haben mit Störungen zu tun, die zu den schwersten menschlichen Erkrankungen zählen. Trotzdem erleben wir in der Beratung viele starke, an der Herausforderung gewachsene Familien und können manchmal mit wenigen Interventionen sehr große positive Entwicklungen anstoßen.

Die Beratung im Familiensetting oder im Einzelsetting mit

Kind oder Eltern(-teil) ist die häufigste Form der Unterstützung, die in Beratungsstellen erfolgt. Sie steht dem Gruppensetting, was Intensität oder Effektivität betrifft, insgesamt nicht nach, sondern hat andere Stärken und Schwächen. Einrichtungen, die keine Kinder- oder Jugendlichengruppen durchführen, können trotzdem den Familien eine umfassende Hilfe bieten.

Ob mit dem Kind einzeln oder zusammen mit den Geschwistern, mit einem Elternteil oder beiden Eltern, mit der ganzen Familie oder gar weiteren Angehörigen und Bezugspersonen gearbeitet wird, hängt davon ab, was möglich und nötig ist. Generell empfiehlt sich ein systemischer Ansatz, bei dem alle erhaltenen Informationen wie Puzzleteile in ein familienbezogenes Gesamtbild integriert werden, im Wissen darum, dass jedes Familienmitglied genau seine eigene Perspektive schildert und dass neben den Personmerkmalen vor allem die entstehenden Regeln, Strukturen und Beziehungsmuster zwischen den Familienmitgliedern zählen. Es lohnt sich immer der Versuch, möglichst viele beteiligte Mitglieder des Familienystems in die Beratung einzubeziehen, um mit den zusätzlichen Informationen belastbarere Hypothesen aufzustellen und um mögliche innerfamiliäre Ressourcen zu entdecken.

Wiegand-Grefe und ihre Arbeitsgruppe haben mit dem CHIMPs Beratungsansatz ein ebenfalls familienbezogenes Konzept für den erwachsenenpsychiatrischen Bereich entwickelt und evaluiert (vgl. Wiegand-Grefe 2011). CHIMPs steht für Children of Mentally Ill Parents und ist ein strukturiertes Vorgehen zur Beratung von Kindern und ihren psychisch erkrankten Eltern, das zum Beispiel standardmäßig in den Verlauf einer psychiatrischen Behandlung implementiert werden kann.

Es ist selten, dass sich ein Kind eigenständig in einer Beratungsstelle anmeldet – es dürfte ihm leichter fallen, eine Onlineberatung zu nutzen. Bei Jugendlichen kommt eine Selbstanmeldung schon öfters vor und sollte dann bevorzugt behandelt werden. Am häufigsten jedoch sind es beide Eltern oder zumindest ein Elternteil, die sich zur Beratung anmelden. Wenn nur ein Elternteil aktiv wird und die Beteiligung des anderen als unnötig oder unmöglich dargestellt wird, lohnt es sich nachzufragen:

- Falls der belastete oder erkrankte Elternteil den Weg zur Beratungsstelle gefunden hat, ist oft eine Angst da, den anderen, getrennt lebenden stabilen Elternteil darüber zu informieren oder einzubeziehen – aus Sorge, damit könnten Auseinandersetzungen geschürt und die Erziehungsfähigkeit des Rat suchenden Elternteils in Zweifel gezogen werden. In der Folge bringt dieser sich natürlich um die mögliche Unterstützung, die der andere Elternteil beitragen könnte.
- Wenn der stabile oder gesunde Elternteil alleine die Beratungsstelle aufsucht und die Einbeziehung des belasteten Elternteils mit Hinweis auf das Getrenntleben und auf dessen Gesundheitszustand ablehnt, kann dies nachvollziehbar und gleichzeitig fragwürdig sein. Denn in der Regel hat das Kind trotzdem Kontakt zu beiden Eltern, also auch zum psychisch belasteten Elternteil. Und mitunter verhält es sich so, dass selbst chronisch erkrankte Mütter oder Väter, die gar noch in einer Wohngemeinschaft oder in einem Heim leben, trotzdem ein großes Interesse haben, als Eltern ernst genommen und informiert zu werden.

Das Vorgehen unterscheidet sich im Einzelfall, je nachdem,

- ob die elterliche psychische Belastung oder Erkrankung bereits zu Beginn als (ein) Anmeldegrund genannt wird,
- ob andere Anliegen vordringlich geäußert werden, um die psychische Problematik später anzusprechen und
- ob die Familienmitglieder zwar Hilfe wegen eines anderen Problems wünschen, das Thema elterlicher Erkrankung jedoch konsequent aussparen.

Eine Fachkraft ist gut beraten, von der Anmeldung an besonders auf die Begriffe und Formulierungen zu achten, die von den Familienmitgliedern gewählt werden, um die Familie und den Anmeldegrund vorzustellen, und gegebenenfalls um die psychische Erkrankung oder die daraus resultierenden Folgen zu umschreiben. Die Wortwahl lässt Rückschlüsse darauf zu, wie offen oder zumindest andeutungsweise davon bereits gesprochen werden kann oder ob die Verleugnung bzw. Tabuisierung noch voll wirksam ist.

Bei dem hier vertretenen familienberaterischen und psychoedukativen Ansatz sind Aufklärung, Austausch und gemeinsame Problemlösung sehr wichtig, folglich ist die verfügbare Sprache zentral. Die psychische Erkrankung gilt als gesetzt, ihre Behandlung erfolgt andernorts – der Familie bleibt, sich als Kinder und Eltern offen über die Erlebnisse auszutauschen, die damit einhergehenden Gedanken und Gefühle zuzulassen, eine gemeinsame Ursachenzuschreibung zu finden und schließlich Strategien zu entwickeln, um die gegebene Situation zu bewältigen.

In der Beratung der Eltern und der Aufklärung der Kinder wird, wenn möglich, vorzugsweise mit dem Krankheitsbegriff gearbeitet. Dies geschieht in dem Bewusstsein, dass eine psychische Erkrankung natürlich mehrere Dimensionen, also auch eine interaktionale oder systemische Ebene umfassen kann. Denn die Rede von einer Krankheit – oder besser, da dynamischer: von einer Erkrankung – weist für den Zweck der Unterstützung von Kindern und ihrer psychisch erkrankten Eltern verschiedene Vorteile auf:

- Eine Krankheit ist im umgangssprachlichen Verständnis ein Begriff, der bereits für kleine Kinder einen bestimmten Zustand („Mama hat Fieber") auf eine in der Person liegende Verursachung („sie hat Grippe") zurückführt. Kaum ein Kind käme auf die Idee, das Fieber als ein interaktionales Geschehen aufzufassen, das gar das Kind durch eigenes Verhalten verursacht haben könnte.
- Aufgrund ihrer ich-zentrierten Weltsicht ist es für Kinder jedoch naheliegend, insbesondere ein psychisches Befinden („Mama weint") auf die Mutter-Kind-Interaktion zu beziehen und damit auf sich zu attribuieren („Mama weint, weil ich so lange zum Anziehen gebraucht habe"). Eltern unterstützen dieses Attribuierungsmuster unabsichtlich noch durch Bemerkungen wie: „Papa ist ganz traurig, wenn du den Teller nicht aufisst." Dass die Realität etwas komplizierter ist, merken die Kinder zwar, können es aber nicht verstehen. („Warum ist Mama heute nicht fröhlich, obwohl die Sonne scheint und ich eine Eins in Mathe geschrieben habe?")
- Werden die vermeintlich interaktional begründeten Befind-

lichkeiten und Verhaltensweisen des Elternteils („Mama macht mir kein Schulbrot, weil sie mich nicht mehr mag") dagegen als eine Erkrankung etikettiert, wird das Kind Kausalattributionen bilden, die es selbst von einer Mitverantwortung freisprechen („Mama ist heute früh im Bett geblieben, weil die Traurigkrankheit wieder ganz stark war"). An dieser Stelle von einer Depression zu sprechen, ist keine deutliche Verbesserung, außer dass es dem Kind noch mehr verdeutlicht, dass es diese Erkrankung bei Mama, wenn sie schon so einen komplizierten Namen hat, nun wirklich nicht verstehen kann und muss.

- Erwachsene gehen mit dem Krankheitsbegriff unterschiedlich um: Für einige scheint er erklärend und entlastend zu sein („mein Neurotransmitterhaushalt ist durcheinander"). Andere dagegen tun sich schwer, sich als psychisch erkrankt zu bezeichnen. Nur wer selbst davon betroffen ist, kann vermutlich ermessen, welcher innere Schritt dafür erforderlich ist. Leichter fällt es Erwachsenen, die konkreten einzelnen Symptome zu benennen, ohne von einer Krankheit und einer Diagnose zu reden. („Eine Bulimie hatte ich noch nie, aber es gab in meiner Jugend schon ein paar Monate, wo ich im Wechsel Fressanfälle hatte und dann wieder gebrochen habe.")
- Wenn die Eltern die einzelnen Symptome offenzulegen bereit sind, ist schon viel erreicht. Oben wurde behauptet, dass Kinder nicht an den Diagnosen, sondern an den veränderten Verhaltens- und Beziehungsweisen der Eltern leiden. Ein Kausalmodell wäre jedoch hilfreicher, bei dem sich die Eltern wenigstens versuchsweise, quasi „aus didaktischen Gründen" auf die Krankheitsmetapher einlassen würden: „Wenn wir jetzt einmal so tun, als ob das wie von einer Krankheit käme, dass Sie morgens nicht aufstehen und sich an nichts mehr freuen können – wie wäre das für dich, Jonas?"
- Manche Erwachsene verwenden für sich statt des Krankheitsbegriffs den der Krise. Er ist nicht so eindeutig in der Ursachenzuschreibung, aber macht anschaulich, dass die psychischen Probleme sich zuspitzen und dann wieder abflauen können. Der Begriff psychische „Störung" ist zwar eine korrekte Übersetzung des Ausdrucks „disorder", hat aber im

deutschen Sprachgebrauch den abschätzigen Beigeschmack, dass die Person „gestört“ sei.

Plan A, Plan B, Plan C …

Während manche Fachleute der Ansicht sind, eine Aufklärung der Kinder und eine Arbeit mit der Familie sei nur korrekt, wenn der psychisch erkrankte Elternteil eine Krankheitseinsicht zeige („Plan A“), wird hier eine Auffassung vertreten, dass auch unter weniger optimalen Umständen die Kinder bzw. die Familien wirksam unterstützt werden können („Plan B“, „Plan C“ usw.).

- Der „Plan A“ ist gegeben, wenn der betroffene Elternteil für sich akzeptieren kann, eine psychische Erkrankung zu haben, wenn dies in der Familie offen gelegt wird, und wenn die Kinder die Erlaubnis haben darüber zu sprechen.
- In der Praxis ist dieser ideale Zustand meist nicht gegeben. Wer nur mit derartig aufgeklärten Familien arbeiten wollte, würde es nur mit wenigen Fällen zu tun bekommen und die Hilfe für andere Kinder und ihre Eltern unterlassen müssen.
- Gerade in der Jugendhilfe arbeiten die Fachkräfte sehr häufig mit Familien, bei denen es zwar Hinweise auf eine elterliche Erkrankung oder krankheitswertige psychische Problematik gibt, aber noch nie eine psychiatrische Diagnostik vorgenommen geschweige denn eine Behandlung eingeleitet wurde. Der Hinweis, beides anzugehen, kann zwar gegeben werden, wird aber häufig nicht aufgenommen.
- Eine ähnliche Situation ist gegeben, wenn die stationäre oder ambulante Behandlung bereits längere Zeit zurückliegt und die Person im Rückblick die Behandlungsbedürftigkeit immer mehr bezweifelt.

Vom idealtypischen „Plan A“ müssen also in der Praxis mehr oder weniger Abstriche gemacht werden, wenn die Eltern zum Beispiel mit folgenden Haltungen aufwarten:

- Bestritten wird die Behandlungsnotwendigkeit oder auch die Krankheitseinsicht fehlt.
- Es wird infrage gestellt oder sogar verleugnet, dass es problematische Verhaltensweisen und Situationen gibt, die von dem Elternteil ausgehen.
- Es wird dem Kind nahegelegt, dass es doch (mit-)verantwortlich sei an etwaigen Schwierigkeiten in der Familie.

Ausdrücklich oder implizit wird dem Kind mitgeteilt, dass es besser zu keiner Person inner- oder gar außerhalb der Familie über seine Vermutungen sprechen solle, da sonst etwas Unberechenbares geschehe.

In diesem „Plan B", „Plan C" usw. wird es natürlich immer schwieriger, mit dem Kind oder der Familie an dem womöglich zentralen Kern der Probleme zu arbeiten. Manchmal hat der Berater oder die Beraterin nicht mehr in den Händen als ein paar unklare Angaben in der Anamnese, einen unmittelbaren Eindruck von dem anwesenden Elternteil sowie Angaben, weshalb die Beratungsstelle aufgesucht worden sei („Benny ist in der Schule mit seinen Gedanken oft woanders, sagt die Lehrkraft"). Was kann trotzdem getan werden?

- In den Gesprächen mit den Eltern kann die Fachkraft ihren Eindruck wiedergeben, dass es der ratsuchenden Person derzeit vielleicht nicht gut gehe und dass es in schwierigen Zeiten eine besondere Herausforderung sei, die Erziehung zu leisten.
- Im Einzelkontakt mit dem Kind sollte man zunächst einmal abwarten, ob das Kind Vertrauen fasst und – trotz des Tabus – Andeutungen über familiäre Fehlentwicklungen oder elterliche Eigentümlichkeiten macht.
- Wenn dies der Fall ist, kann man diese Schilderungen zurückhaltend zur Kenntnis nehmen, ohne sie eindeutig als Folge einer psychischen Erkrankung zu bewerten. Möglich ist, dem Kind eine Hypothese anzubieten, die es für sich dann weiter prüfen kann. Etwa „Ich kann mir auch keinen Reim darauf machen, warum Deine Mama mittags noch im Nachthemd ist und nichts eingekauft hat. Ich habe mal einen Jungen hier gehabt, da hat die Mutter, die sich ganz ähnlich wie Deine Mutter verhalten hat, später herausgekriegt, dass sie so richtig durcheinander war. Sie hat dann eine Ärztin gefunden, die ihr geholfen hat, bis sie wieder fit war. Keine Ahnung, ob das bei Deiner Mama auch so ist."

Jugendliche oder junge Erwachsene, die mit einem psychisch erkrankten Elternteil aufwachsen mussten, ohne dass in der Familie darüber gesprochen werden durfte, und die diese Zeit erfolgreich bewältigt haben, berichten, dass sie ab einem bestimmten Zeitpunkt eine zweite Weltsicht entwickelt hatten. Diese bestand aus der Hypothese, dass die Mutter oder der Vater nicht wie andere, „normale" Eltern seien, sondern eigentümlich oder krank. Bei manchen hat es Jahre gedauert, in denen sie die beiden Sichtweisen von der Realität nebeneinander stehen ließen, bis sie sich dann entschieden haben.

Wenn Mutter oder Vater an einer psychischen Erkrankung leiden, haben die Kinder der meisten Familien in der Regel ganz ähnliche Themen oder Fragen. Diese sind, in Abhängigkeit vom Alter und Aufklärungsgrad, mehr oder weniger gefühlt beziehungsweise bewusst. Viele Kinder, auch schon im jungen Alter, denken bereits viel nach darüber, was sie wahrnehmen. Andere sind vor allem erfüllt von ihren Gefühlen über das, was sie erleben, und setzen dies ohne viel Reflexion in nach innen oder außen gerichtetes Verhalten um. Manche Eltern berichten von sehr angepasstem, andere von unangemessenem oder konflikthaften Verhalten, oft ohne die psychischen Beweggründe zu verstehen.

Wenn Fachkräfte einer Beratungsstelle über eine gute kinder- oder spieltherapeutische Kompetenzen verfügen, wirft es in der Regel keine besondere Schwierigkeiten auf, mit den Kindern Zugang zu ihren Gefühlen und Gedanken zu bekommen. Dies kann sowohl im Einzelkontakt mit dem Kind, im Familiengespräch als auch im Gruppenkontext erfolgen. Je nach Alter des Kindes, beraterischer Ausbildung der Fachkraft und der bevorzugten „Wellenlänge", auf der ein Kind sendet bzw. empfängt, bieten sich verschiedene Zugangswege an:

- Kreative Methoden wie Malen, Arbeit mit Ton, Basteln von Figuren, Arbeit im Sandfeld usw.: Veröffentlicht sind z. B. Kinderbilder aus der „Kindersprechstunde" in der psychiatrischen Bezirksklinik Augsburg, in denen „die Krankheit" oder „meine Mutter" oder die Hoffnungen und Ängste der Kinder gemalt worden sind. Werke aus kunsttherapeutischen Praxen sind noch abstrakter und spiegeln das Gefühlsleben der Kinder in aller Heftigkeit.
- Arbeit mit Figuren – entweder zur Differenzierung der innerpsychischen Anteile des Kindes, oder zur Nachbildung familiärer Beziehungen und Interaktionen: Es eignen sich alle vorhandenen Materialien, seien es die Figuren auf dem Familienbrett, Kasperlefiguren oder andere Handpuppen, Plastikfiguren, Kuscheltiere usw. Mit Figuren zu arbeiten, bietet die

Chance, aufbauend auf der beschriebenen Ist-Situation auch mögliche Zukunfts- oder Lösungsszenarien durchzuspielen.

- Verbales Erzählen und Erklären: Das Gespräch mit Kindern hat hier, mehr als in vielen anderen Arbeitsbereichen, einen sehr positiven Effekt. Es holt sie ab bei ihren vielen Gedanken, die sich über das eigentümliche und unerklärliche Verhalten von Mutter oder Vater machen, und bahnt die Aufklärung an, die das A und O im Umgang mit der elterlichen psychischen Erkrankung darstellt. Die Kinder erzählen ihre Geschichten von zu Hause oder die Fachkraft steuert eigene Geschichten bei – von anderen Kindern, die sich bereits geöffnet haben, oder aus Kinderbüchern, die man sich gemeinsam betrachtet.
- Theaterinszenierungen und Rollenspiele: Wenn Kinder und Fachkräfte sich trauen und gerne in Rollen einsteigen, können die impliziten oder expliziten Themen der Kinder auch im direkten Theater angespielt werden. Auch hier können Interaktionen zwischen Familienmitgliedern in Szene gesetzt, aber auch innere Vorgänge ins Spiel miteinander gebracht werden. Dieser Zugang eignet sich besonders gut auch für die Kindergruppenarbeit.

Fachkräfte als Pfadfinder

Eine Kollegin vergleicht den Einzelkontakt mit einem Kind, das mit einem psychisch beeinträchtigten oder erkrankten Elternteil aufwächst, mit einer häuslichen Situation: „Es erinnert mich an das Zimmeraufräumen, das ich mit meinem Kind in regelmäßigen Abständen mache. In einem günstigen Moment, wo wir beide in guter Stimmung sind, schauen wir uns die Schränke, den Schreibtisch und alle sonstigen Ecken und Nischen seines Zimmers an. Wir sortieren alte Kleidungsstücke aus, die nicht mehr passen, und schaffen Platz für die nächsten Größen. Die Ablagerungen unter dem Bett werden sortiert, was entsorgt werden kann und was es wert ist, aufbewahrt zu werden. Spielsachen aus früheren Jahren werden aufgeräumt zugunsten von Dingen, mit denen sich mein Kind aktuell beschäftigen möchte. Alte Geschichten werden wach, Gefühle kommen noch einmal in Erinnerung – manches kommt dann zur Vergangenheit.

Wenn ich mit einem Kind darüber spreche, was es daheim erlebt mit Vater oder Mutter, dann nehmen wir seine Geschichten und Gefühle in den Blick. Wir sortieren, klären auf, rücken zurecht, füllen Lücken und das alles in einer durchweg annehmenden, verstehenden Atmosphäre. Die Dinge sind, wie sie sind, aber wir kommen leichter damit klar, wenn sie nicht so durcheinander sind."

Andere Kolleginnen und Kollegen umschreiben die Aufgabe der Fachkraft damit, für das Kind wie ein „Pfadfinder" oder „Coach" zu sein. Man geht mit dem Kind durch seine Erlebnisse, Gefühle und Gedanken wie durch ein Stück Natur. Die Fachkraft erkundigt sich nach den positiven oder negativen Erfahrungen des Kindes damit, gibt den Pflanzen und Tieren einen Namen und erklärt, wie die Dinge zusammenhängen. Sie zeigt auf, wie das Kind seine Ängste bewältigen kann, wo es Sicherheit findet und Hilfe erhält – und schließlich wie es seinen Weg hindurch findet.

Mehr als in anderen kindertherapeutischen Kontexten, in denen sich die Beraterin zurücknimmt und dem Kind die Führung überlässt, erscheint es bei dieser Familiensituation, die in der Regel undurchsichtig und tabuisiert ist, angebracht, dass sie sich als kundig zeigt und den Weg bahnt. Damit nimmt sie hier elterliche Funktionen wahr, die vom erkrankten und oft auch dem stabilen Elternteil nicht ausgeübt werden (können).

Im Folgenden sind die häufigsten Fragen der Kinder aufgeführt. Wer sich mit den psychischen Erkrankungen von Eltern und ihren Folgen auf die Kinder auskennt und die Fachsprache kindgemäß übersetzen kann, wird sich nicht schwer damit tun, mit den Kindern die Themenfelder zu durchstreifen. Die Kinderbücher können dabei eine zusätzliche wertvolle Unterstützung sein. Mit ihnen kann man sich aus dem sicheren Abstand mit Situationen befassen, über die ein Kind im Moment noch nicht sprechen zu können glaubt. Eine Liste von Kinderbüchern findet sich auf www.bag-kipe.de.

„Was ist los mit Mama?"

Diese Frage beschäftigt alle Kinder. Es ist eine gute Frage, denn mit ihr setzt sich das Kind mit seinen Wahrnehmungen auseinander und sucht für sie eine Erklärung. Nun sind psychische Störungen recht komplizierte Phänomene, die Kindern nicht vollständig zu erklären sind. Zunächst ist ihnen aber bereits geholfen, wenn man mit den Kindern brauchbare Benennungen für die Wahrnehmungen findet. Es gibt gute Gründe, ihnen dabei unter anderem den Begriff einer (psychischen) Erkrankung anzubieten. Man kann aber auch Bezeichnungen aus den einschlägigen Kinderbüchern wählen oder hält sich an die oftmals treffenden Ausdrücke, die die Kinder für sich gefunden haben. Diese Begriffe helfen, das Unbegreifliche zu begreifen, auch wenn sie bei genauerer Hinsicht nicht viel erklären. Darüber hinaus ist es für die Kinder von unschätzbarem Wert, wenn sie durch den Austausch mit einem Erwachsenen erfahren, dass ihre Wahrnehmungen und Bezeichnungen bestätigt werden. Sie erleben damit, dass ihnen geglaubt wird und sie somit nicht alleine sind mit ihren Erfahrungen.

„Bin ich schuld daran?"

Bei der Wahl der Bezeichnungen sollte darauf geachtet werden, welche Ursachenzuschreibung sie implizieren. Formulierungen wie, „ja, so etwas gibt's – dass jemand Stimmen hört wie dein Papa, ohne dass da wirklich was gesprochen wird", oder, „bei deiner Mama ist gerade ein Durcheinander im Kopf, deswegen sagt sie so komische Dinge", verorten das psychische Geschehen in der Person von Mutter oder Vater. Dies ist eine Entwarnung für Kinder, die ja naturgemäß eher davon ausgehen, dass ungewöhnliches Verhalten der Eltern (auch ihnen gegenüber) auf ein bestimmtes unpassendes Verhalten von ihnen selbst zurückgeht.

Die Beraterin sollte dies noch verstärken, indem sie bei passenden Gelegenheiten mehrmals betont, dass sich zwar die meisten Kinder mit dieser Frage nach der eigenen Schuld beschäftigen, aber dass sie ganz klar mit Nein zu beantworten ist. „Du kannst sicher sein, dass du nicht schuld bist an den psychischen Schwierigkeiten deiner Mutter! Das hat vielmehr mit ihr selbst zu tun."

Kleine Schwankungen in der Befindlichkeit des Elternteils, je nachdem ob das Kind gerade etwas Erfreuliches berichtet oder etwas anstellt, können natürlich vorkommen, sind aber nicht die

Ursache für das Grundproblem. Hier lässt sich oft anschließen, dass ein Kind entsprechend auch zur Stabilisierung oder Gesundung des Elternteils nichts Grundlegendes beitragen kann.

„Kann ich das auch kriegen?"

Viele Kinder beschäftigen sich mit der Frage der Selbsterkrankung. Als möglichen Übertragungsweg sehen die meisten nicht die Ansteckung, sondern die Vererbung (allenfalls noch das Modellernen). Sie wissen aus anderen Zusammenhängen (wie z. B. Augen- und Haarfarbe, Temperament), dass Eigenschaften von Eltern auf Kinder genetisch übertragen werden. In vielen Familien ist zudem bekannt, dass auch andere Angehörige wie Großeltern, Onkel oder Tanten mit vergleichbaren psychischen Schwierigkeiten zu tun hatten, so dass dem Kind eine familiäre Häufung klar erscheint. Ein Berater kann sich – wenn das Kind keine oder kaum Andeutungen in diese Richtung macht – auch aktiv nach seinen Gedanken zu einer etwaigen Selbsterkrankung erkundigen. Wenn es verneint, kann er es mit einigen aufklärenden Sätzen bewenden lassen. Bejaht es dagegen solche Ängste, lassen diese sich im Gespräch auf ihr realistisches Maß eingrenzen.

Wie oben im Zusammenhang mit dem Vulnerabilitäts-Stress-Modell dargelegt, kann man den Kindern im Einklang mit der wissenschaftlichen Forschung darlegen, dass nicht komplexe psychische Erkrankungen vererbt werden, allenfalls Dispositionen – also die beschriebene Verletzlichkeit. Da die Wahrscheinlichkeit, eine gleichartige psychische Besonderheit zu entwickeln, zwar erhöht ist, aber im Regelfall im niedrigen zweistelligen Prozentbereich liegt, kann die Botschaft an das Kind lauten, dass statt Sorgen eher Zuversicht angesagt sei. Dies kann noch untermauert werden durch Interventionen zur Resilienzförderung, die dem Kind vermitteln, dass es etwas für sich und seine seelische Stabilität tun kann.

„Darf ich so fühlen?"

Viele Kinder brauchen Orientierung und Vergewisserung hinsichtlich ihrer Gefühle, die oftmals heftig, negativ oder einander zuwiderlaufend sind – dies umso mehr, als ihnen die betroffenen

Elternteile, die ihrerseits unangemessene oder nicht nachvollziehbare Gefühlsreaktionen zeigen, kein gutes Vorbild in der emotionalen Klärung sind. Hier sind die kreativen oder spielerischen Herangehensweisen dem verbalen Zugang oft überlegen, da es leichter ist, zum Beispiel ein gefährliches Monster zu malen oder die Figur der Hexe für das Spiel der inneren Seelenkräfte auszuwählen, als mit Worten die gelegentliche Wut gegenüber dem Vater auszusprechen. Doch kann es auch hier eine einfühlsame Gesprächsführung erleichtern, dass ein Kind seine Gefühle schildert. „Ich würde mich nicht wundern, wenn Du manchmal ganz schön sauer auf deinen Papa bist, oder?" lässt die mögliche Wut als nachvollziehbar näherkommen. „Vorige Woche saß auf dem Stuhl ein Junge ungefähr in deinem Alter, der hat sich manchmal richtig geschämt für seine Mutter, wie sie ihn mittags von der Schule abgeholt hat." Geschichten anderer Kinder in Beratung ebnen den Weg genauso wie gute Bilderbücher.

Die Botschaft der Fachkraft an das Kind lautet: „Du bist okay, und alle deine Gefühle sind okay. Auch wenn manche dir krass oder komisch vorkommen. Viele Kinder fühlen ganz genauso." Nach dieser Validierung kann man in einem nächsten Schritt mit dem Kind schauen, wie es mit seinen Gefühlen vielleicht besser klarkommen kann.

„Wer kann Papa helfen?"

Nichts wünschen sich Kinder sehnlicher, als dass Mama oder Papa (wieder) gesund werden oder sich normal verhalten. Im beraterischen Kontakt geben wir dieser Hoffnung Raum und fügen zugleich an, dass bei einigen Erwachsenen die Stabilisierung lange dauert oder nur teilweise gelingt. Klar sei, dass es nicht das Kind sei, dass den Elternteil gesund machen könne, sondern dass es dafür Fachleute wie Ärztinnen oder Psychotherapeuten gebe. Und es liege auch an ihrer Mutter, ihrem Vater selbst, wie stark sie an der Überwindung ihrer Probleme arbeiten würden und wie gut sie damit vorankämen.

In einem Satz zusammengefasst, gehört die Behandlung des Elternteils in die Hände von Erwachsenen, nicht von Kindern. An den Kindern sei es, sich um sich selbst zu kümmern, seinen

Aufgaben in Kita, Schule oder Haushalt nachzukommen und seine Freizeit gut zu verleben.

Ohne Frage bleiben an dieser Stelle Ängste offen, zum Beispiel wenn sich der betreffende Elternteil einer Behandlung verschließt, kein Engagement zu seiner eigenen Stabilisierung erkennen lässt oder wenn trotz bestem Bemühen die Behandlung keine Fortschritte zu machen scheint. Eine große Hilfe ist es für das Kind, wenn es anderen diese Ängste zumindest mitteilen kann und erfährt, dass es einigen Kindern ganz ähnlich geht.

„Was soll ich denn da tun?"

Kleine Kinder können diese Frage noch nicht stellen, sondern erleben vielmehr ihre Hilflosigkeit oder Angst. Erwachsene Bezugspersonen müssen sich um die Kinder kümmern und für sie Lösungen finden. Kinder fühlen sich besser, wenn sie sich in einer schwierigen Situation als selbstwirksam erleben können. Nun kommen wir nicht umhin ihnen mitzuteilen, dass die aus der elterlichen psychischen Erkrankung resultierende Situation oft für sie nicht direkt kontrollierbar ist. Ihre Verhaltensmöglichkeiten beziehen sich daher auf sie selbst und ihre Bewältigungskapazitäten. In akuten Fällen kann es angezeigt sein, sich in Sicherheit zu bringen, indem sie zum Beispiel eine befreundete Nachbarin aufsuchen. Damit verwandt ist die Strategie, erwachsene Personen des familiären Umfelds zur Hilfe zu rufen. Bewährt haben sich auch so genannte Notfallpläne (siehe S. 108 f.), die dem Kind ermöglichen und erlauben, zuvor verabredete Schritte zur Krisenbewältigung auszulösen. Außerdem sollte mit jedem Kind erarbeitet werden, wer für es als eine verlässliche erwachsene Bezugsperson fungieren könne (siehe S. 110 f.), an die es sich in schwierigen oder eskalierenden Situationen wenden kann.

Größere Kinder und Heranwachsende können von qualifizierten Hilfsmöglichkeiten profitieren, wie sie im Internet bereit stehen (zum Beispiel www.bke-jugendberatung.de). Oder sie nehmen bereits selbstständig mit Einrichtungen oder Fachkräften Kontakt auf, zum Beispiel mit einer Erziehungs- und Familienberatungsstelle, dem Hausarzt oder mit der Familienhelferin. Ein

Hindernis dabei ist allerdings oft, dass sie Angst oder Skrupel haben, das empfundene familiäre Schweigegebot zu brechen und sich anderen mitzuteilen.

Umgehen müssen Kinder nicht nur mit den direkten Folgen der elterlichen psychischen Erkrankung für sie und die Familie, sondern auch mit eventuellen Diskriminierungen durch das soziale Umfeld. Oft ist es auch hier die Fachkraft, die durch ihre Fragen dieses Thema erst öffnet und den Zugang zu den verletzenden Stigmatisierungs- oder Mobbingerfahrungen erlaubt. Im Gespräch, im Figuren- oder Rollenspiel können innerpsychische oder interaktionale Strategien erarbeitet und eingeübt werden, so dass das Kind seine Hilfslosigkeit überwindet. Nicht zu übertreffen sind an dieser Stelle natürlich Gruppenangebote mit Gleichaltrigen, die ähnliche Erfahrungen gemacht haben, aber vielleicht neuartige Auswege berichten können.

„Darf ich raus zum Spielen?"

In dieser Form wird diese Frage eher selten gestellt. Sie dient hier als Chiffre für die wesentlich grundsätzlichere Frage, ob die Kinder psychisch erkrankter Eltern eigentlich die Chance bzw. das Recht auf eine Kindheit haben. Sie stehen regelhaft in dem Dilemma, sich entweder um die familiären Belange zu kümmern und dafür ihre eigenen Bedürfnisse zu vernachlässigen, oder aber den Einsatz für Eltern oder Geschwistern zu beschränken und den üblichen Interessen eines Kindes nachzugehen. Beratung bietet den Raum, diesen inneren Konflikt offenzulegen und zu normalisieren. In einem zweiten Schritt kann mit dem Kind oder Jugendlichen eine Haltung entwickelt werden, zum einen das besondere Engagement für die Familie als einen freiwilligen Beitrag des Kindes angesichts der elterlichen Belastung zu definieren, und zum anderen ohne Schuldgefühle den typischen Beschäftigungen eines Kindes wie Lernen, Spielen oder Pflege von Sozialkontakte nachzugehen. Zentral ist die innere Erlaubnis, die sich das Kind – unterstützt durch die Fachkraft – geben sollte. Erleichtert wird sie durch eine angemessene Kausalattribution, wie sie oben beschrieben worden ist.

„Dem Kind auch einmal einen Schritt voraus gehen"

Viele Fachkräfte in Beratungsstellen sind es gewohnt, in der Arbeit mit dem Kind eine eher langsame, abwartende Haltung zu praktizieren. Wenn es ein bestimmtes Thema nicht offenlegt, wird anderes aufgegriffen, um es nicht zu überfordern. Wird dieses ja durchaus gut begründbare Vorgehen auch bei Kindern psychisch erkrankter Eltern angewandt, kann es dazu kommen, dass mehrere Sitzungen „um den heißen Brei herum geredet" wird und das Kind sogar leer ausgeht. Ausgehend von der besonderen, von Tabuisierung und Angst bzw. Scham geprägten Situation in diesen Familien wird hier daher für ein Vorgehen plädiert, eher aktiv und mutig die typischen Themen anzusprechen oder anzuspielen, auch wenn das Kind sich noch an das Schweigegebot hält. Es kann sein, dass ein Kind sich bis zum Ende der Sitzungen aus Vorsicht und Rücksichtnahme nur ganz sparsam äußert – und trotzdem einen hohen Gewinn daraus zieht, eben weil die Fachkraft aus eigener Initiative und Einfühlung heraus die interessierenden Dinge in Spiel oder Wort eingebracht hat.

Diese Kinder haben oft eine sehr schwierige Situation zu bewältigen und sind dabei meist auf sich alleine gestellt. Ihr Wohl hängt davon ab, möglichst viele Informationen zu bekommen, wie sie das Verhalten von Mutter oder Vater einschätzen sollen und was sie bei Problemen tun können. Zugleich dürfen sie nicht offen fragen, weil sie sonst ihre Eltern verraten oder verletzen könnten. Im Ergebnis suchen sie nach Quellen der Information und Hilfe, die von sich aus fließen, so dass sie davon nehmen können. Für viele Kinder kann man zusammenfassen: „Sie möchten nicht reden, sondern hören."

Kinder benötigen nun gewiss keine Referate – der Königsweg geht auch hier über Geschichten. Hilfreich sind alle diejenigen Geschichten, in denen andere Kinder in vergleichbarer familiärer Situation wichtige Erkenntnisse gewinnen oder erfolgreiche Lösungen ausprobiert haben. Hierzu eignen sich natürlich gut gemachte Bilderbücher, von denen im Beratungszimmer immer welche zur Hand sein sollten, oder auch eigene Geschichten, die die Fachkraft tatsächlich von anderen Kindern gehört hat oder sich selbst zurechtgelegt hat.

„Letzte Woche, da hat ein Junge – der war auch so in der 3. Klasse wie du – mich echt überrascht. Zu Hause hat er nicht richtig geblickt, warum seine Mama auch oft bis in den Nachmittag hinein im Bett geblieben ist und es mittags nichts Warmes zu essen gab. Weißt du, was er gemacht hat? Er hat sich ein Herz gefasst und seine Eltern gefragt, ob er nicht wie sein Kumpel in der Schule essen und an der Mittagsbetreuung teilnehmen kann."

„Das war kürzlich ganz spannend mit einem Mädchen. Das hat sich mit dem Gedanken geplagt, ob es Papas Durcheinander im Kopf später auch kriegen könne. Ich weiß nicht, ob dich diese Frage auch beschäftigt. Jedenfalls haben wir dann darüber geredet und ich konnte ihr sagen, dass die meisten Kinder nicht diese Schwierigkeiten kriegen, die ihre Eltern haben. Und dass man als Kind auch was dafür tun kann, dass es einem gut geht. Du glaubst gar nicht, wie erleichtert das Mädchen danach war!"

Klar kann man jetzt die Frage anschließen: „Und – ist das bei dir auch so ähnlich?" Aber es lässt sich darauf auch verzichten: Die Botschaft ist bereits gesendet. Die Stärke eines solchen Vorgehens ist, dass ein Kind sich an das familiäre Tabu halten darf und trotzdem die benötigten Informationen erhält. In aller Regel sind Augen und Ohren weit offen, und während des Geschichtenerzählens kann die Fachkraft an der Aufmerksamkeit der Kinder ablesen, ob sie mitgehen, wenn sie ihnen einen Schritt voraus geht.

Bei Kindern und Jugendlichen kann es neben der elterlichen psychischen Erkrankung naturgemäß andere Themen geben, die sie beschäftigen oder belasten. Diese können damit zusammenhängen oder auch unabhängig davon auftreten: Auseinandersetzungen in der Schulklasse, Angst um ein Haustier, Probleme beim Mathelernen, Verletzung beim Fußball, berufsbedingter Umzug der Familie usw. Die psychische Belastung von Vater oder Mutter wirkt allerdings insofern auch auf die anderen familiären Themenfelder ein, als dass die Bewältigungskapazitäten generell oft eingeschränkt oder überstrapaziert sind. Es ist die Stärke von allgemeinen Beratungsstellen, dass sie in der Unterstützung von Kindern diese nicht auf ein Problem reduzieren müssen, sondern die ganze Bandbreite kindlicher Bedarfe und Stärken in den Blick nehmen können.

Grundsätzlich können wir davon ausgehen, dass den betroffenen Eltern die Themen genauso „unter den Nägeln brennen" wie den Kindern. Noch stärker als das Interesse sind bei ihnen jedoch die Scheu und Ambivalenz gegenüber professionellen Helfern und die Ängste, was sie mit der Offenlegung ihrer häuslichen Situation an unbeherrschbaren Konsequenzen auslösen könnten. Daher sind Behutsamkeit und Geduld gefordert. Auch wenn der Problemdruck noch so hoch ist, gilt es, erst eine positive und tragfähige Arbeitsbeziehung aufzubauen. Die Mutter, der Vater wollen sich ein Bild davon machen, wie die Fachkraft über Menschen in psychischen Krisen denkt und fühlt, ob sie akzeptierend ist und fähig zur Einfühlung. Dies gilt für den betroffenen natürlich um vieles mehr als für den stabilen Elternteil.

Wer einen psychisch belasteten oder erkrankten Menschen beraten will, sollte die persönliche berufliche Sozialisation und den Auftrag der Beratungseinrichtungen reflektiert haben. Es macht einen Unterschied, ob es sich um eine Beratungsstelle für Seelische Gesundheit bzw. Sozialpsychiatrischen Dienst handelt oder um eine Erziehungs- und Familienberatungsstelle. Im ersten Fall dürfte die Fachkraft gewohnt sein, unter den verschiedenen „Rollen" die Person in einer Krise anzusprechen und sich dafür die erforderliche Zeit zu nehmen. Dagegen ist im zweiten Fall vermutlich vor allem die Rolle von Mutter bzw. Vater im Blick, mithin der Bereich, in dem die Ängste vor Offenlegung am größten sind. Es ist zugleich der Bereich, in dem oft die Zeit drängt, um für die Kinder Verbesserungen anzuregen.

„Ich habe mein Kind schon lieb, aber ..."

Hinter dieser Aussage kann das genannte Dilemma stecken. „Ich habe mein Kind lieb ..." – davon können und sollten wir bei allen Eltern ausgehen, gleich welcher Art ihre psychische Krise oder Erkrankung ist. Gerade in der Anfangsphase der Beratung kann es zum Vertrauensaufbau beitragen, bei dieser Liebe der Eltern zu ihrem Kind, gar bei ihrem Stolz über es eine Zeitlang zu verweilen. Auch wenn es schwer fallen sollte, anerkennende Worte über das Erziehungsverhalten der Mutter oder des Vaters zu finden, kann man immerhin den Respekt äußern dafür, einem anderen Menschen das Leben geschenkt zu haben. Das ist für jeden ein existenzieller Schritt und für einen psychisch belasteten Menschen erst recht.

Der „… aber …"-Satz wird unter Umständen erst später ausgesprochen werden können. Bis dahin wird die Fachkraft ihr Verständnis von psychischen Erkrankungen und ihre Beobachtungen von der Verfassung der Person und dem gezeigten Erziehungs- und Beziehungsverhalten zu Hilfe nehmen müssen. Ratsuchende, die sich bereits sicher fühlen in der Beratungsbeziehung, setzen den Satz zum Beispiel folgendermaßen fort: „… aber an manchen Tagen habe ich innerlich einfach kein Platz für mein Kind." Oder: „… aber manchmal wünschte ich, es wäre gar nicht da, weil ich die Verantwortung nicht ertragen kann." Weitere Varianten können sein, „… aber es schneidet mir ins Herz, wenn es mit so erwartungsvollen Augen guckt und ich mich nicht bewegen kann", oder: „Ich muss jetzt erst einmal selbst mit mir und meiner Diagnose fertig werden."

Um solche Äußerungen zu erleichtern, kann die Fachkraft ansprechen, dass viele betroffene Mütter und Väter immer wieder Mühe hätten, sich ganz auf das Kind einzulassen. Das liege im Wesen von psychischen Erkrankungen. Behutsam kann die Beraterin der Klientin auch eine passend erscheinende Formulierung anbieten und damit den Gesprächsraum eröffnen. Es geht ja gerade, auch aus Jugendhilfe-Sicht, nicht darum, dass solche Empfindungen und Gedanken nicht vorhanden sein dürfen, sondern vielmehr darum, dass man mit ihnen umgeht und Wege überlegt, wie die Bedürfnisse des Kindes auf andere Weise beantwortet werden können.

Dass eine psychische Erkrankung sich auch auf die Beziehung zum Kind und die Versorgung und Erziehung auswirkt, ist der Normalfall. Ihre Liebe und ihre Erziehungsfähigkeit zeigen betroffene Mütter und Väter dadurch, dass sie ihre Schwierigkeiten in den Blick nehmen, nicht indem sie nach außen den Anschein erwecken, sie bräuchten keine Hilfe.

„Muss ich Angst haben, meine Kinder zu verlieren?"

Auch diese Sorge gehört zu den Themen, die erst nach einer Weile ausgesprochen werden können. Nichtsdestotrotz sollte man als Beratungsfachkraft davon ausgehen, dass die meisten Ratsuchenden diese Angst teilen und ihr Verhalten darauf abstellen. Diese Angst ist teils begründet, teils irrational – auf alle Fälle behindert sie den lösungsorientierten Umgang aller Beteiligten mit der gegebenen Situation. Tatsächlich steht ein erheblicher Teil von Sorgerechtsverfahren im Zusammenhang mit der psychischen Erkrankung eines Elternteils, was angesichts der Schwere dieser Belastung nicht verwunderlich ist. Andererseits ist die Angst auch stark übertrieben, weil die Jugendämter und Familiengerichte in erster Linie auf Hilfen und Unterstützung setzen (müssen) und ein Sorgerechtsentzug nur die Ultima Ratio darstellt.

Dass diese Ängste so stark und fortdauernd sind, kann verschiedene Gründe haben. Zum ersten spiegeln sie – allerdings nach außen projiziert – wider, dass sich die Mutter oder der Vater oft selbst mit der Frage beschäftigen, ob sie gut genug für ihr Kind sorgen können. Zum zweiten erhalten sie offene oder versteckte Impulse von Fachkräften oder anderen Eltern, dass man mit den Jugendämtern häufig schlechte Erfahrungen mache und daher lieber wenig zusammenarbeite (vgl. Schmid et al 2011). Zum dritten dürfte sich schließlich in der Gegenreaktion ein Muster ausgebildet haben, dass das Jugendamt – da es bislang weitmöglichst auf Abstand gehalten wurde – den Familien eher mit Detektivblick oder Skepsis begegnet, wohingegen die Eltern sich bemühen, jeglichen Hinweis auf Schwierigkeiten zu vermeiden. Hier können Beratungseinrichtungen, insbesondere die Erziehungs- und Familienberatungsstellen, eine Brücke schlagen, indem sie die erkrankungsbedingten Einschränkungen vorsichtig erkunden und sie als Anlass für verstärkte Unterstützungsleistung durch die Jugendhilfe nutzen.

Wie bei den Kindern, können auch bei den Erwachsenen die Geschichten anderer helfen, diese schwierigen Themen zu eröffnen. Sie sollten Entwicklungen und Veränderungen beschreiben, die letztlich erfolgreich waren und dazu führten, dass Eltern wie

Kinder die erforderliche Hilfe bekamen und ein ausreichend gutes Zusammenleben organisierten. Hier steht Winnicotts „good enough mother“ Pate.

Falls die Beratung länger bei diesem Thema verweilt, kann es aus der polaren Verkürzung „Kind bleibt mir“ versus „Kind wird weggenommen“ befreit werden hin zu einer komplexeren Sicht der Möglichkeiten. Keiner Mutter, keinem Vater kann das Kind genommen werden, denn es hat ihr oder ihm nie gehört. Kinder gehören sich selbst, seit sie geboren sind – es geht also vielmehr um Fragen des Zusammenlebens, der Beziehung und der Tagesbeschäftigung. Aus dem verkürzten Entweder-oder eines Sorgerechtsstreits sollte eine Gesamtsicht der verschiedenen Varianten des Aufwachsens eines Kindes werden. Anleihe kann man nehmen bei den Familien, die durch Trennung, Scheidung und erneuter Partnerschaft zu vielfältigen Lösungen gefunden haben. In etlichen Familien teilen die Mütter und Väter nicht den ganzen Alltag mit dem Kind. Dieses hat neben seinen Eltern weitere erwachsene Bezugspersonen, die sich in unterschiedlicher Weise um es kümmern, ganz zu schweigen von der Zeit in der Kita oder Schule. Überhaupt geht es um einen Zeitraum von etwa 16 bis 18 Jahren, ab dem die Heranwachsenden ihre eigenen Wege gehen und die Beziehung zu den Eltern – auch dem psychisch erkrankten Elternteil – auf neue Füße gestellt wird. Es ist auch an der Jugendhilfe, entsprechende flexible Modelle von Patenschaften, Verwandtschafts-, Bereitschafts-, Kurzzeitpflege oder variablen Pflegeverhältnissen zu entwickeln, die sich jeweils anpassen an die Möglichkeiten in der Ursprungsfamilie.

„Bin ich eine schlechte Mutter?“

Auch diese Frage thematisiert das Vermögen der Mutter oder des Vaters, die Kinder angemessen zu versorgen, zu betreuen und zu erziehen. Selten handelt es sich um eine direkte, offene Frage nach Defiziten, die erörtert werden sollte. Vielmehr drücken sich darin meist massive Schuldgefühle oder -vorwürfe aus. Sie kommen vor allem von Elternteilen, die depressive Symptome zeigen, wie wir sie von den Depressionen, den bipolaren Störungen oder den Residualzuständen der Psychose kennen. Menschen mit emotional-instabiler Persönlichkeitsstörung oder Suchtbelastung finden sich dagegen eher in den folgenden Abschnitten.

Das Dilemma für die Beratungsfachkraft besteht darin, dass sie einerseits der undifferenzierten Selbstabwertung nicht folgen will, da sie aus der depressiven Symptomatik rührt und es zudem viele positive Beispiele gibt, wie sich der Elternteil in der Beziehung und Erziehung des Kindes engagiert. Andererseits gibt es womöglich tatsächlich Momente, bei denen es der Elternteil fehlen lässt, auch wenn diese Defizite sich unter Umständen auf etwas anderes beziehen als die Schuldgefühle.

Die Kunst in der Beratung besteht also darin, von den Schuldgefühlen zu den tatsächlichen Stärken und Schwächen im Erziehungshandeln zu kommen und diese differenziert zu betrachten. Dort, wo es Defizite gibt, werden sie normalisiert in dem Sinne, dass viele Eltern mit einer ähnlichen psychischen Problematik an dieser Stelle Schwierigkeiten haben. Für diese müssten und könnten Lösungen gefunden werden, nicht zuletzt durch Hilfe von außen.

„Mein Kind soll sich nicht so aufführen!"

Mit diesem Satz kann Verschiedenes gemeint sein. Manchmal drückt sich darin die Beobachtung aus, dass das Kind wirklich ein überdurchschnittlich hohes Maß an expansivem, unangemessenem Verhalten gegenüber den Eltern an den Tag legt. Spannend wird dann aber, ob dem Kind dafür einseitig „die Schuld gegeben" wird oder ob dieses Verhalten verstanden wird als Teil einer familiären Problematik. Ein Teil der Kinder entwickelt in Familien mit einem psychisch belasteten Elternteil tatsächlich ein grenzüberschreitendes, problematisches Verhaltensmuster (ein anderer Teil übrigens ein überaus angepasstes, selbstkontrolliertes Muster), sei es um dem eigenen inneren Unwohlsein und Durcheinander Ausdruck zu geben oder sei es weil sie von den Eltern zu wenig Grenzen gesetzt bekommen. Damit wäre man beim zweiten möglichen Gehalt der Aufforderung, „mein Kind soll sich nicht so aufführen": Die Mutter oder Vater wollen damit unter Umständen mitteilen, dass sie in ihrer aktuellen psychischen Verfassung nicht die normalen anstrengenden oder herausfordernden Verhaltensweisen ihres Kindes ertragen können. Auf Nachfrage kommt zutage, dass sie nicht die Kraft und Ausdauer haben, dem Kind zum Beispiel Regeln bezüglich TV-Konsum oder Smartphone-Nutzung nahezubringen oder unangemessenes Verhalten zurückzuweisen.

Die hier behandelte Aufforderung oder Klage geht in manchen Familien in ein flehentliches Bitten über, das Kind möge doch seine Dominanz selbst begrenzen und nicht an den Eltern auslassen. In solchen Fällen sind die Rollenumkehr und die Schwächung der elterlichen Autorität schon weit vorangeschritten. Manchmal lässt sich durch Beratung erreichen, dass ein Kind versteht, dass es bei seinen Eltern nicht auf eine klare Grenzziehung und ein starkes Gegenüber zu hoffen braucht, und seine familiäre Machtposition nur dosiert einsetzen sollte. Häufig wird der betroffene Elternteil – sofern es keinen anderen Elternteil gibt, der stark und klar ist – externe Hilfe in Anspruch nehmen müssen, z. B. durch eine Erziehungsbeistandschaft, Familienberatung oder Sozialpädagogische Familienhilfe.

„Wie sage ich es meinem Kind?"

Unter den genannten Fragen ist diese diejenige, die am ehesten auch als solche ausgesprochen wird. Viele Eltern tun sich tatsächlich schwer, die richtigen Worte zu finden. Dies hat damit zu tun, dass sie ja zumeist erst für sich selbst definieren müssen, was mit ihnen los ist, ob sie mit der Bezeichnung einer psychischen Erkrankung klarkommen usw. Nicht allen, aber vielen Eltern ist sehr daran gelegen, ihren Kindern eine Erläuterung zu geben für das mitunter ungewöhnliche oder eingeschränkte Verhalten von Mutter oder Vater. Sie hoffen (zu Recht), dass diese Information es den Kindern erleichtert, die besondere Situation anzunehmen und zu bewältigen.

Im Beratungsgespräch kann ein Vorgehen entwickelt werden, wie die Mutter oder der Vater dem Kind „es" sagen kann. Dieses „es" sollte im Vorhinein mit Inhalt und mit kindgemäßen Formulierungen gefüllt werden. Eltern können hier zurückgreifen auf das Material einschlägiger Kinderbücher oder Filme oder auf die Erfahrungen der Fachkraft. Hilfreich ist es, wenn sich die

Eltern entscheiden, wie sie ihre Situation bezeichnen wollen: als Erkrankung oder als Krise oder mit einem selbstgewählten Begriff. Dadurch, dass das Geschehen „einen Namen" erhält, kann darüber kommuniziert werden.

Häufig möchten die Eltern die Aufklärung ihres Kindes zu Hause stattfinden lassen. Andere fühlen sich damit überfordert und fragen an, ob dies im Rahmen eines Familiengesprächs in der Beratungsstelle erfolgen könne. Dagegen ist im Grunde nicht viel einzuwenden. Allerdings wäre es wünschenswert, wenn nicht die Fachkraft, sondern die Eltern es sind, die dem Kind die entscheidenden Informationen geben.

„Kann mein Kind das auch mal kriegen?"

Die Frage ist spiegelbildlich zu der gleichartigen Besorgnis von Kindern. Es lässt sich nachempfinden, wie bedrückend die Vorstellung für einen Vater, eine Mutter ist, ihrem Kind durch die Zeugung quasi unwiderruflich eine genetische Hypothek aufgeladen zu haben. Wie im Gespräch mit dem Kind oder Jugendlichen, so muss die Aufklärung mit den Eltern dahin führen, dass – auch wenn man die Frage grundsätzlich mit „ja" beantworten muss – die Mehrzahl der Kinder nach allen Studien keine gleichartige Störung entwickelt und dass nicht das Vollbild einer psychischen Erkrankung „vererbt" wird, sondern allenfalls eine erhöhte Vulnerabilität.

Die weitere Beratung kann sich dann darauf richten, wie die Eltern mit dieser Information innerlich und im Kontakt zum Kind umgehen können. Es ist nicht korrekt, das Risiko und damit die Besorgnis abzustreiten, aber sehr wohl kann beides eingeordnet und in einen Bezug gesetzt werden. Ein positives Ergebnis der Beschäftigung mit der Frage bestünde darin, dann jedenfalls alles Mögliche dafür zu tun, dem Kind die Bewältigung der familiären Situation zu erleichtern, zum Beispiel durch offenes Ansprechen, durch Erarbeitung eines Notfallplans oder durch Vermittlung einer positiven Bezugsperson für Krisenzeiten.

In der Unterstützung von Kindern mit einem psychisch belasteten Elternteil haben sich drei Interventionsformen herausgebildet, die in anderen familiären Belastungssituationen wie Trennung/Scheidung oder bei schwerer körperlicher Erkrankung eines Mitglieds keine zentrale Rolle spielen. Sie sind die Konsequenz aus den besonderen Merkmalen einer psychischen Erkrankung:

- Wechsel zwischen stabilen und Krankheitsphasen/Krisensituationen
- Wechsel zwischen Übernahme und Verlust elterlicher Erziehungsverantwortung
- Notwendigkeit externer Unterstützung in wechselnder Intensität.

Der Krisenplan

Der Krisen- oder Notfallplan ist eine Art Vorsorge-Paket und fußt auf dem Prinzip: „Bereite dich in guten Zeiten auf die schlechten Zeiten vor." In einer stabilen Phase, in denen Mutter bzw. Vater zugänglich und um das Wohl des Kindes eindeutig bemüht sind, entwickeln sie mit ihm einen Plan für kommende Phasen, in denen der Elternteil wegen seiner zum Beispiel paranoiden oder alkoholbedingten Entgleisung nur geringe Problemeinsicht und Veränderungsbereitschaft zeigt (vgl. Homeier 2005).

Zu denken ist vor allem an die Alleinerziehendensituation, in denen ein Kind mit dem psychisch labilen Elternteil zusammenlebt, der andere Elternteil kurzfristig nicht verfügbar ist und auch sonst kein tragfähiges soziales Netzwerk besteht, um Krisen abzufangen und das Kind zu begleiten oder ggf. zu schützen.

Die Inhalte des Krisenplans können und sollen auf die Situation und Bedarfe der konkreten Familie zugeschnitten sein. Manchmal können Eltern(-teil) und Kind den Krisenplan in eigener Regie zusammenstellen, manchmal empfiehlt sich dafür ein Beratungsgespräch. Die Fachkraft unterstützt die Familie, die vorangegangenen Erkrankungs- oder Krisenzeiten auszuwerten und daraus Vorkehrungen für eine etwaige künftige Eskalation abzuleiten. Der Krisenplan ist in erster Linie für das Kind gedacht, für seine Orientierung und Absicherung. Aber auch Eltern profitieren von der Gewissheit, mit ihrem Kind einen solchen Plan aufgestellt zu haben für Momente, in denen sie das Geschehen nicht im Griff haben und ihrer Sorge für das Kind nicht angemessen nachgehen können. Im Wesentlichen enthält der Krisenplan Verhaltensregeln und Erlaubnisse für das Kind, was es im Fall X tun kann bzw. darf. Sie richten sich meist auf die Fortführung des Alltags und auf die Kontaktaufnahme zu erwachsenen Personen aus Verwandtschaft oder Nachbarschaft.

Mein Plan für den Notfall

Wenn es Mama Papa mal wieder richtig schlecht geht … (eventuell ein paar Merkmale notieren wie „nachts nicht mehr richtig schläft, sondern in der Wohnung unterwegs ist“ oder „sich mit ihrer Freundin betrunken hat“ oder „nur noch von seinen Ängsten redet“), dann

- rufe ich meine Oma an und bitte sie vorbeizukommen (Telefonnummer _____),
- darf ich mit meinem Schlafzeug bei unserer Nachbarin klingeln (Telefonnummer _____),
- rufe ich den anderen Elternteil auf der Arbeit an und erzähle, was daheim los ist (Telefonnummer _____),
- lege ich einen Zettel auf den Küchentisch, wo ich gerade hingegangen bin,
- rufe ich unsere Hausärztin an und frage, ob sie zu einem Hausbesuch kommen kann,
- gehe ich in die Schule und sage dem Lehrer, dass ich zurzeit nicht so gut lernen kann.

Wenn zur Umsetzung des Krisen- oder Notfallplans andere Personen nötig sind (wie hier die Nachbarin oder die Großmutter), dann ist mit diesen zu besprechen, was sie in diesem Fall unternehmen sollen.

Unterschriften: ____________________ ____________________

(Mama/Papa) (Kind)

Die schriftliche Form des Krisenplans ist eine gewisse Absicherung für den Notfall. Zum einen sind die Verhaltenshinweise und Kontaktdaten auch in der Stresssituation verfügbar. Zum anderen hat das Kind einen Beleg in Händen, das ihm erlaubt, sich anderen anzuvertrauen und damit über die Grenzen der Familie hinauszugehen, auch wenn der Elternteil dies aktuell ablehnt. Diese Konfliktsituation muss natürlich im Vorhinein ausführlich besprochen werden, zum Beispiel in einem Beratungstermin.

Die Vertrauensperson

Bei der Vertrauensperson handelt sich um eine verlässliche erwachsene Bezugsperson, die sich das Kind innerhalb der erweiterten Familie oder in ihrem sozialen Umfeld auswählt. Aus Berichten von (mittlerweile erwachsenen) Kindern wissen wir, dass sie ihre mitunter extrem verstörenden Erfahrungen in Kindheit und Jugend einigermaßen bewältigen konnten, weil es eine Person gab, der sie sich anvertrauen konnten und die ihnen Verständnis und Orientierung gab. Die Einführung einer solchen positiven Bezugsperson ist eine Antwort darauf, dass die psychische Erkrankung und die daraus resultierenden problematischen Erfahrungen der Kinder häufig in der Kernfamilie nicht angemessen thematisiert und bearbeitet werden. Wenn sich dies nicht ändern lässt, muss die Suche nach einer hilfreichen Vertrauensperson darüber hinausgehen.

Im besseren Fall können die Eltern das Kind selbst aktiv dazu anstiften, sich eine solche Vertrauensperson zu wählen beziehungsweise ihm jemanden vorzuschlagen, oder es zumindest zu tolerieren. Wenn die Eltern nicht oder nicht dauerhaft zustimmen, dass ihr Kind einer anderen Person von den familiären Schwierigkeiten berichtet, behelfen sich manche Kinder damit, dass sie den Kontakt zu dieser Vertrauensperson ohne Kenntnis der Eltern fortführen oder verschweigen, was zum Thema ihrer Beziehung wird. Die Möglichkeiten der Online-Beratung, des Chats oder der professionell moderierten Foren sind moderne Varianten, die dem Kind erlauben, trotz Tabuisierung und sozialer Isolation hilfreiche Kontakte zu pflegen.

Beratung kann Kinder wie Eltern dazu motivieren, sich Gedanken zu machen über die mögliche Etablierung einer solchen Vertrauensperson. Falls diese Person sich ihrer Rolle und Aufgabe unsicher sein sollte, kann die Verabredung auch gemeinsam mit Kind und Elternteil im Beratungssetting erfolgen. Bei dieser Gelegenheit kann die Person vertraut gemacht werden mit dem familiären Sprachgebrauch und dem erreichten Aufklärungsgrad hinsichtlich der elterlichen psychischen Erkrankung.

Die Patenschaft

Eine Patenschaft ist gewissermaßen eine Erweiterung und Intensivierung der vorgenannten Hilfe durch eine Vertrauensperson. Eine Beratung beschränkt sich hier auf die Anregung einer Patenschaft, während ihre Verwirklichung – je nach Etablierung dieser Hilfeform – meist der Beteiligung durch das Jugendamt oder eines von ihm beauftragten Trägers bedarf. Eine Patenschaft ist eine verbindlich verabredete Zusammenarbeit zwischen der betroffenen Familie und einer ausgewählten und qualifizierten Patenfamilie. Anders als in der Tagespflege oder Vollzeitpflege, variiert die Intensität der Hilfe entsprechend dem Hilfebedarf und lässt sich daher an den Wechsel von stabilen und Krankheitsphasen anpassen. Die Hilfe richtet sich schwerpunktmäßig auf das Kind bzw. die Kinder. In normalen, unbelasteten Phasen hält das Kind den Kontakt zur Patenfamilie, zum Beispiel indem es regelmäßig einen Nachmittag pro Woche dort verbringt. Gerahmt wird dies durch gelegentliche Treffen zwischen den leiblichen Eltern und den Pateneltern, wodurch die Beziehung aufgebaut und die jeweilige Rolle geklärt wird.

Dieser Standby-Modus, vielerorts als Ehrenamt mit Aufwandsentschädigung eingestuft, kann bei entsprechendem Bedarf hochgefahren werden. Stellschrauben sind die Zahl der Nachmittage, die das Kind bei der Patenfamilie verbringt, die Einbeziehung in die Mahlzeiten, das Angebot von Übernachtung am Wochenende oder dauerhaft. Auch wenn die Patenschaft letztlich den Umfang einer Vollzeitpflege einnehmen kann, liegt der Unterschied darin, dass es sich um eine vorübergehende Betreuung des Kindes handelt, die bei Stabilisierung der psychischen Verfassung von Mutter bzw. Vater schrittweise wieder zurückgefahren wird.

Viele Beratungsstellen beginnen ihr Engagement für Familien mit einem psychisch erkrankten Elternteil, indem sie eine Gruppe für betroffene Kinder oder Jugendliche entwickeln. Von den Schwierigkeiten, die dabei zu überwinden sein können, wird später die Rede sein – zunächst einmal sprechen viele Argumente für ein solches Gruppenangebot:

- So überzeugend und unabweisbar wie in einer Gruppe, können die Kinder nirgends sonst die Erfahrung machen, dass es neben ihnen noch weitere Kinder gibt, die mit einem psychisch belasteten oder erkrankten Elternteil aufwachsen. Oftmals werden diese die ersten minderjährigen Betroffenen sein, denen ein Kind in seinem Leben begegnet.
- Da die besondere kindliche Situation und die elterliche Erkrankung im Zentrum der Gruppenaktivitäten stehen, sind die Sprachlosigkeit und Tabuisierung umfassend und anhaltend unterbrochen. Diese in der Regel positive Erfahrung kann den Kindern niemand mehr nehmen, auch wenn sie in der Zukunft nicht durchgängig Ansprechpersonen für sich haben werden.
- Die Gruppen bieten, egal wie sie konkret durchgeführt werden, immer die Chance, dass die Kinder in emotionaler Hinsicht ihre Gefühle ordnen und in kognitiver Hinsicht Aufklärung erhalten können. Das ist ein Potential, das ihnen dauerhaft helfen wird, die erschwerte familiäre Situation zu bewältigen.
- So wichtig die Anleitung durch die Fachkräfte und ihr Verhaltensmodell auch sind, handelt es sich im Kern um eine Selbsthilfegruppe. In der Beschäftigung mit typischen herausfordernden Situationen, die aus Bilderbuch- oder Filmmaterialien oder konkreten Schilderungen der Kinder bezogen werden, tauschen sie sich über bewährte oder misslungene Bewältigungsstrategien aus, üben sie im Rollenspiel ein und vergrößern auf diese Weise ihr Reaktionsspektrum.
- Schließlich sind die Gruppen auch ein Schutzraum, in dem auch ein stilleres Kind stellvertretend von den anderen lernen kann. Auch wenn nach wenigen Treffen in aller Regel „das Eis

gebrochen ist", wird es immer Ängste und Sorgen geben, die ein Kind für sich behält. In einer Gruppe kann es an diesen Punkten trotzdem profitieren, wenn sie von anderen Gruppenmitgliedern thematisiert werden.

Seit in den 1990er Jahren mit den ersten Projekten und Angeboten für Kinder psychisch erkrankter Eltern begonnen wurde, stand in ihrem Mittelpunkt meist die Durchführung von Kindergruppen. In verschiedenen Städten Deutschlands wurden AURYN-Gruppen angeboten, benannt nach dem Stärke gebenden Amulett in „Die unendliche Geschichte" von Michael Ende. Ein Blick auf die Website der BAG Kinder psychisch erkrankter Eltern www.bag-kipe.de zeigt die Vielfalt der Bezeichnungen und Ansätze für die Gruppenarbeit (vgl. Reinisch et al. 2011; Staets 2011; Bauer et al. 2013). Manche betonen den präventiven, andere den therapeutischen Charakter. Je nach fachlicher Herkunft der Einrichtung oder Fachkräfte stehen eher strukturierte psychoedukative Elemente im Vordergrund, oder es wird ein eher freier spieltherapeutischen Zugang gewählt. Was in der einen Gruppe das Malen oder das Gestalten mit Ton, Sand usw. an Inhalten eröffnet, wird in dem anderen Angebot über das szenische Figurenspiel oder das Rollenspiel erreicht.

Die Gruppenarbeit mit Kindern psychisch erkrankter Eltern ist für Fachkräfte, die grundsätzlich gerne mit Kindern im Gruppensetting zusammen sind, vergleichsweise einfach und macht mitunter sogar Freude. Schwierig ist allenfalls, diese Gruppen mit einer ausreichenden Anzahl von motivierten Kindern überhaupt zustande zu bringen, nicht ihre Durchführung. Haben die Gruppentreffen gut gestartet, entdecken die Kinder den Gewinn, den sie aus ihrer Teilnahme ziehen können. Für viele von ihnen ist es das erste Mal, dass sie mit gleichermaßen Betroffenen zusammentreffen und über die familiären Erfahrungen sprechen können. Entsprechend gespannt und dankbar sind sie, der Zusammenhalt ist hoch bzw. die Abbruchquote gering. Trotz der gelegentlich sehr ernsten Themen wie elterliche Suizidalität, erhöhte Selbsterkrankungsrate usw. sagen viele Kinder, dass ihnen die Gruppenteilnahme ausgesprochen Spaß mache.

Bei den folgenden Hinweisen zur Durchführung von Kindergruppen wurde auf die Ausarbeitung eines vollständigen Manuals bewusst verzichtet. Manualisierte Gruppenprogramme erfreuen sich zwar heutzutage eine gewissen Beliebtheit, weil sie gegenüber offenen Ansätzen leichter zu evaluieren und publizieren sind und weil sie gerade in der Anfangszeit der Angebotsentwicklung Orientierung und Sicherheit versprechen. Demgegenüber weisen sie auch Nachteile auf, dass sie nämlich nicht optimal auf die Kapazitäten der konkret teilnehmenden Kinder und Fachkräfte zugeschnitten sind und dass die festgelegte Sitzungsabfolge eine Anpassung an die tatsächliche Gruppenentwicklung kaum zulässt. Einzelne besonders gelungene Module werden dennoch exemplarisch vorgestellt (siehe Online-Materialien zu diesem Band). Sie können je nach Situation für das eigene Gruppenangebot übernommen bzw. adaptiert werden.

Entscheidender als eine detaillierte Sitzungsausarbeitung ist eine positive, solidarische Grundhaltung der Fachkräfte gegenüber den Kindern und ihren belasteten Eltern. Ergänzt wird sie durch den Elan und die Flexibilität, in der Gruppenphase das Mögliche zu tun, damit sich die Kinder wohlfühlen und öffnen. Der Blick soll also weniger nach außen zu einem Manual gehen, als sich vielmehr auf das eigene Potenzial richten, wie die Leiter/innen am besten mit Kindern in Kontakt kommen und glaubwürdig ihre Bewältigungskräfte unterstützen helfen. Je nach kindertherapeutischer Ausbildung oder Talent werden manche den Zugang über das Figurenspiel oder das Rollenspiel wählen, andere den Weg über das Malen und Gestalten bevorzugen, wieder andere erlebnispädagogische Elemente bevorzugen oder die Kinder durch Geschichten oder Märchen ansprechen. „Viele Wege führen nach Rom." Vorausgesetzt wird dabei, dass die Gruppenleitung sich in die Situation der Kinder und ihrer Eltern in den von psychischer Erkrankung betroffenen Familien einfühlen und auf die genannten Themen und Fragen der Kinder sicher eingehen kann.

Das Evangelische Beratungszentrum Würzburg hat mit „Sonnige Traurigtage" oder „Flaschenpost nach irgendwo" (Homeier 2005; Homeier, Schrappe 2008) eine Art Curriculum vorgelegt, anhand dessen man in der Gruppenarbeit mit Kindern psychisch erkrankter oder suchtbelasteter Eltern alle wesentlichen Themen behandeln kann. Andere Autorinnen und Autoren haben weitere Bilderbücher oder illustrierte Aufklärungsbücher entwickelt, so dass den Fachkräften, die Kindergruppen durchführen, eine Fülle von Material zur Verfügung steht (vgl. Böge et al. 2013; weitere Literatur siehe www.bag-kipe.de). Die Aufgabe besteht folglich darin, für die konkrete Gruppe von Kindern die passende Auswahl zu treffen.

Wo können Kindergruppen durchgeführt werden?

Grundsätzlich eignet sich dafür jede Einrichtung, die sich auf Kinder einstellt und in denen diese sich wohlfühlen können. Neben Erziehungs- und Familienberatungsstellen kommen Sozialpsychiatrische Dienste und Psychosoziale Beratungsstellen, Familienzentren und Jugendzentren oder Tagesstätten und Selbsthilfehäuser infrage. Falls die Einbeziehung der Familien oder Kinder in einer erwachsenenpsychiatrischen Klinik zum Programm gehört, kann auch dort bei ausreichendem Interesse eine Gruppe oder eine Tagesveranstaltung für Kinder durchgeführt werden. In der Klinik für Kinder- und Jugendpsychiatrie und ihrer Ambulanz wäre eine Gruppe ebenfalls vorstellbar, da bis zu 50 % der behandelten Kinder Eltern haben, die eine F-Diagnose besitzen. Die verantwortliche Einrichtung für eine Kindergruppe sollte in jedem Fall so gewählt werden, dass die Kinder nicht fürchten müssen, sie würden wegen der elterlichen Belastung gleich selbst als krank oder behandlungsbedürftig etikettiert, und dass die Eltern keine Sorge zu entwickeln brauchen, dass durch die Teilnahme ihrer Kinder unkontrollierbare Entwicklungen angestoßen würden.

Welche Kinder werden eingeladen?

Es gibt hierzulande Angebote ausschließlich für Kinder aus suchtbelasteten Familien und für solche mit anderweitig psychisch erkrankten Eltern. Hier wird dafür plädiert, diese Kinder in einer Gruppe zusammenzufassen: Einerseits aus pragmatischen Gründen, weil es sonst vielerorts noch schwieriger würde genügend Kinder für den gleichen Gruppendurchgang zu gewinnen. Andererseits aus fachlichen Gründen, weil Sucht zu den psychischen Erkrankungen gehört, weil Übergänge und Doppeldiagnosen häufig sind und schließlich die Belastungen und Reaktionen der Kinder ganz ähnlich sind. Übrigens ist letzteres auch für Kinder schwer körperlich erkrankter Eltern nachgewiesen (vgl. Romer, Haagen 2007). Will man auch diese in eine Kindergruppe einbeziehen, muss man bei bestimmten thematischen Einheiten eben auf die Unterschiede in den kindlichen Attributionen und bei den familiären Umgangsregeln hinweisen. Letztlich ist es dann nur noch ein kleiner Schritt, schlichtweg eine „Gruppe für Kinder mit schwierigen Eltern“ zu konzipieren, zu denen man beispielsweise auch Eltern mit kognitiven oder körperlichen Behinderungen oder hocheskalierende Streit- oder Trennungspaare zählen könnte. Die Gemeinsamkeit lautete weiterhin: „Nicht du als Kind machst das Problem, sondern die Belastung durch die elterlichen Problemlagen erfordern von dir besondere Bewältigungsstrategien. In der Gruppe kannst du dich dafür fit machen.“

Gibt es Ausschlusskriterien?

Schwierig ist eine Gruppenteilnahme für Kinder, die sich im vorherigen Kennenlernen als wenig gruppenfähig erwiesen haben. Expansive Verhaltensauffälligkeiten oder mangelnde Impulskontrolle erschweren es nicht nur dem betreffenden Kind selbst, von den mitunter leisen und Einfühlung erfordernden Anstößen oder den anspruchsvolleren psychoedukativen Elementen zu profitieren. Sie können unter Umständen auch verhindern, dass sich zurückhaltende und ängstliche Kinder öffnen, was angesichts des Themas schon herausfordernd genug ist. Ein anderes Ausschlusskriterium hat mit der innerfamiliären Tabuisierung der elterlichen psychischen Belastung zu tun. Gelingt es in den Vorgesprächen nicht, mit anmeldenden Eltern und Kind eine explizite, tragfähige Problembeschreibung zu finden, würde das Kind durch seine Teilnahme in eine unhaltbare Situation gebracht. Ist es im Einzelsetting noch möglich – siehe oben – mit dem „Als-ob“-Modus eine Gesprächsbasis zu finden, so ist dies im Gruppensetting nicht mehr ausreichend. Wie später ausgeführt wird, sollten im Gruppenverlauf für die Kinder die Aussage „Die Gemeinsamkeit von euch ist, dass in jeder Familie Mama oder Papa mit einer psychischen Krise zu tun hat!“ und die Frage „Wer ist es bei dir, wegen dessen psychischen Problemen du hier in der Gruppe bist?“ akzeptabel sein. Wenn nicht, dürften Einzel- und Familiengespräche der bessere Weg sein.

Wie viele Kinder und Fachkräfte braucht es für eine Gruppe?

Eine gute Gruppengröße sind sechs Kinder bei zwei Fachkräften, aber Ausnahmen bestätigen die Regel. Es bewährt sich, eher mit sieben Kindern zu starten, da es erfahrungsgemäß häufig zu einem Rücktritt von der Teilnahme wegen Schule oder Verein kommt. Das Verhältnis 3:1 erlaubt, die Gruppe bei Bedarf zu teilen. Oder aber ein Leiter nimmt einmal für ein besonders sensibles Gespräch ein Kind beiseite, während die Leiterin mit den übrigen fünf die Gruppenaktivität fortsetzt. Grundsätzlich hängt die Gruppengröße auch von der Anzahl der interessierten Kinder, der Größe des Gruppenraums und dem beabsichtigten Programm ab.

Was ist zu Modus, Anzahl und Dauer der Treffen zu sagen?

Es gibt ganzjährige, fortlaufende Angebote, die immer wieder Neuzugänge zulassen. Vorteilhaft ist daran, dass die Kinder die Dauer ihrer Teilnahme selbst bestimmen können, sich also bei Bedarf den Rückhalt der Gruppe für ein, zwei Jahre sichern können. Das Hinzukommen neuer Kinder kann allerdings dazu führen, dass bestimmte Themen mehrmals wiederholt werden müssen und dass die erforderliche Vertrautheit der Kinder sich nicht so leicht herstellen lässt. Die Mehrzahl der Gruppenangebote hat daher einen gemeinsamen Anfang und eine feste Laufzeit. Mit 12 bis 16 Treffen zum Beispiel à 90 bis 100 Minuten im wöchentlichen Rhythmus lässt sich viel von den Themen und Bedürfnissen der Kinder angehen und das Interesse über die ganze Gruppenspanne aufrechterhalten. Alternativ können auch vierzehntägige Treffen oder drei, vier ganztägige Gruppensamstage angeboten werden. Zu beachten ist in jedem Fall, dass die Treffen die Kinder wegen der Schwere der Thematik schon anstrengen und daher immer wieder Erholungs- und Spielphasen nötig sind.

Welche Altersgruppen sind empfehlenswert?

Bei dieser Frage stoßen das Wünschenswerte und das Mögliche zusammen. Es erleichtert natürlich die Gruppendurchführung, wenn die Alters- bzw. Entwicklungsunterschiede der Kinder nur wenige Jahre betragen. Andererseits kann auch eine größere Altersspreizung notwendig sein, wenn andernfalls keine Gruppe zustande käme. Eine komfortable Differenzierung, die allerdings hohe Kapazitäten in Anspruch nimmt, bestünde in zwei Kindergruppen für Sechs- bis Neunjährige bzw. Zehn- bis Zwölfjährige, einer Jugendlichengruppe und einer Gruppe für (junge) Erwachsene ab sechzehn oder achtzehn Jahren in der Verselbständigungsphase. Vielerorts wird pro Jahr nur eine Gruppe für Kinder zwischen sieben und zwölf Jahren durchgeführt oder je nach Nachfrage mit dem altersmäßigen Schwerpunkt abgewechselt. Was möglich ist, hängt auch hier von der konkreten Gestaltung der Gruppe ab – während ein hoher psychoedukativer Anteil vor allem auf ältere Kinder und Jugendliche zielt, kann ein Zugang durch Malen und Gestalten für eine große Alterspanne interessant sein.

Welche Rahmenbedingungen beeinflussen den Zugang?

Zusätzlich zu den innerfamiliären Hindernissen wie Verleugnung, erschweren auch ganz praktische Probleme die Teilnahme von Kindern an der Gruppe. Die längere Anwesenheit in Schule oder Hort bis weit in den Nachmittag hinein ist die eine Hürde – die andere liegt in der erhöhten häuslichen Präsenz, die von manchen Kindern abverlangt wird. Zum dritten gibt es, vor allem in ländlichen Gebieten, das Problem des Bring- und Holdienstes. Viele betroffene Eltern sind allein erziehend, haben kein Auto oder aber keine Kinderbetreuung in der Zeit, in der sie das Kind zur Gruppe bringen oder wieder abholen. Manche Kinder haben notgedrungen bereits eine hohe Selbstständigkeit entwickelt und können den Weg alleine bewältigen. Hier und dort konnten sich Eltern der Gruppenkinder untereinander absprechen. Schließlich wäre zu fragen, ob nicht weitere Verwandte oder Ehrenamtliche aus dem Umfeld der Familie den Fahrdienst für die Gruppenphase übernehmen können.

Wie werden die Kinder erreicht?

Genügend Kinder für die Teilnahme zu gewinnen, erweist sich vielerorts als das schwierigste Problem für die Durchführung einer Gruppe. In einer Stadt oder Region ist die absolute Zahl betroffener Kinder in der gewünschten Altersstufe begrenzt. Etliche Familien sehen keine Hilfebedarf für die Kinder oder tabuisieren generell die elterliche Erkrankung. Einrichtungen oder Dienste, in denen die Eltern oder die Kinder unter Umständen bereits Hilfe erhalten, können oftmals nicht vermitteln, dass die Familien von einer Gruppenteilnahme profitieren könnten, oder kennen dieses Angebot selbst nicht. Und bei den verbleibenden Kindern passen dann letztlich der Wochentag oder die Uhrzeit nicht. Um diesen Hindernissen zu begegnen, müssen die Öffentlichkeitsarbeit und damit die Werbung für das Gruppenangebot mit größter Energie vorangetrieben werden. Hier sind diejenigen Einrichtungen im Vorteil, die bereits intensiv in die Versorgungsbereiche Jugendhilfe und (Sozial-)Psychiatrie vernetzt sind und das Thema „Familien mit einem psychisch erkrankten Elternteil“ in der Fachöffentlichkeit platziert haben.

„Gute Zeiten – schlechte Zeiten“

Die Einladung für Eltern, der Flyer für Kinder und die Informationen für Fachleute zur Gruppe „Gute Zeiten – schlechte Zeiten“ im Evangelischen Beratungszentrum der Diakonie Würzburg sind im Download-Bereich zu finden, ebenso einzelne Module.

Die Klärung der Gruppenteilnahme eines Kindes beginnt mit einem Elterngespräch. Kam die Empfehlung dazu von einer anderen Einrichtung, können – bei Zustimmung der Eltern – im Vorfeld einige Informationen eingeholt werden oder die vermittelnde Fachkraft bei Bedarf sogar mit teilnehmen. Befindet sich die Familie dagegen bereits in der Beratungsstelle in anderer Angelegenheit oder Setting, ist eine vertrauensvolle Arbeitsbeziehung unter Umständen schon angebahnt. Das Auftaktgespräch wird vorzugsweise von beiden Eltern wahrgenommen, je nach Situation kommen oftmals zu Beginn auch nur der psychisch belastete oder der stabile Elternteil. Wenn es sich bei den Kindergruppen nicht um ein ausgesprochen therapeutisches Angebot im heilkundlichen Sinne zur Behebung psychischer Störungen der Kinder handelt, sondern um eine Gruppe mit präventivem Ansatz, pädagogisch-therapeutischen Impulsen und dem Ziel der Stärkung der Bewältigungskapazität der Kinder, ist nach dem gängigen Rechtsverständnis die ausdrückliche Zustimmung beider Eltern formal nicht unbedingt erforderlich. Es sollte jedoch jegliche Mühe darauf verwendet werden, *beide* Eltern dazu zu motivieren, die Gruppenteilnahme ihres Kindes zu bejahen und zu unterstützen. Wenn die Eltern zusammenleben, ist dies leichter zu erreichen, als wenn die Eltern getrennt sind. Sind sie noch durch hoch konflikthafte Auseinandersetzung verbunden, ist die Bearbeitung der Folgen elterlicher Erkrankung auf die Kinder häufig kaum möglich, da dieses Thema leicht als Waffe im Streit über Sorgerecht und Erziehungsfähigkeit missbraucht werden kann. Häufig haben sich Eltern weit voneinander entfernt, sei es dass der stabile Elternteil sich abgesetzt und ein anderes Leben begonnen hat, sei es dass der belastete Elternteil isoliert oder in einer betreuenden Einrichtung lebt. Bemüht sich die Fachkraft, auch mit dem abwesenden oder gar ausgegrenzten Elternteil in Kontakt zu treten, erhält sie dadurch Informationen, die für das Kind – das ja schließlich eine Identität als Abkömmling dieser beiden Eltern entwickeln muss – von großer Wichtigkeit sein können.

Neben den üblichen Schritten wie Beziehungsaufbau, Auftragsklärung und Familienanamnese, ist im Hinblick auf eine etwaige Gruppenteilnahme des Kindes zu klären, wie die Eltern innerhalb der Familie über die elterliche psychische Belastung kommunizieren. Wie oben ausgeführt, ist die Rede von einer psychischen Erkrankung oder Krise hilfreich für die Aufklärung des Kindes und die angemessene Ursachenzuschreibung. Sind sich die Eltern unsicher, sollte für diese Klärung genügend Zeit eingeräumt werden, da sie entscheidend für die weitere Unterstützung ist. Manche Eltern sind beruhigt, wenn sie erfahren, in welcher konstruktiven und wertschätzenden Weise in der Beratungsstelle über die psychische Belastung von Vater oder Mutter gesprochen oder in dem Gruppenprogramm damit umgegangen wird.

Wenn eine grundsätzliche Zustimmung erreicht ist, werden zu einem nächsten Termin die Eltern bzw. der Elternteil mit dem Kind (oder den Kindern) eingeladen. Das Kind wird von Vater oder Mutter über den Vorschlag einer Gruppenteilnahme informiert, falls dies nicht schon zu Hause erfolgt ist. Gemeinsam wird in der für diese Familie akzeptablen Weise über die psychische Erkrankung und ihre Auswirkungen gesprochen und dem Kind wird geschildert, was in der vorgeschlagenen Kindergruppe geschehen werde und welchen Sinn eine Teilnahme für es haben könnte. Die Entscheidungsfindung erfolgt manchmal sofort oder auch erst nach ein paar Tagen. Für ein Kind kommt es stark darauf an, ob die Eltern glaubwürdig und engagiert seine Teilnahme befürworten oder selbst ambivalent eingestellt sind. Auch wenn das elterliche Votum erhebliches Gewicht hat, kann und sollte ein Kind nicht gegen seinen Willen zur Teilnahme gezwungen werden.

Als Hilfe beim Abwägen oder auch zur Festigung des Entschlusses zur Teilnahme kann mit je zwei Kindern aus der künftigen Gruppe ein weiterer Termin zum gegenseitigen Kennenlernen und zur Besichtigung der Räumlichkeiten vereinbart werden. Eine schriftliche Anmeldung des Kindes zur Gruppe kann die Verbindlichkeit der Entscheidung unterstreichen.

Kommt es zur Teilnahme des Kindes an der Gruppe, endet die Arbeit mit den Eltern nicht – ganz im Gegenteil. Zum einen soll die Verbindung zu den Eltern über die ganze Laufzeit hinweg erhalten bleiben. Dazu sollten neben den kurzen Tür- und Angel-Gesprächen in der Bring- oder Abholsituation mindestens zur Halbzeit und nach Gruppenende Elterngespräche durchgeführt werden. Es versteht sich von selbst, dass den Eltern nicht unbesehen konkrete Informationen aus dem Gruppengeschehen, ihr Kind betreffend, gegeben werden können. Es obliegt dem Geschick der Fachkräfte, in allgemeiner Weise von dem Gruppengeschehen und den verwendeten Materialien so zu berichten, dass sie die relevanten Impulse bekommen.

Den Kindern wird zu Beginn versichert, dass das, was in der Gruppe geschieht, untereinander gewahrt bleibt. Die Fachkräfte sichern die Vertraulichkeit genauso zu, wie die Kinder sich auch verpflichten gegenüber Anderen nicht von den anderen Mitgliedern zu berichten. Selbstverständlich können und sollen sie gerne ihren eigenen Eltern oder Geschwistern von den eigenen Erlebnissen in der Gruppe berichten. Haben die Gruppenleitungen den Eindruck, es wäre gut, wenn darüber hinaus bestimmte Informationen an die Eltern gelangten, besprechen sie mit den Kindern, ob und wie dies in geeigneter Weise geschehen könnte. Das Abschlussgespräch nach Gruppenende kann zu diesem Zweck auch gemeinsam mit Kind und Eltern geführt werden.

Vereinfachtes Ablaufschema der Kindergruppe
mit ca. 12 bis 16 Treffen

0) *Klärungs- und Motivierungsphase* (vor Beginn):
Elterngespräch zu Beziehungsaufbau, Auftragsklärung und Anamneseerhebung
Familiengespräch mit Eltern und Kind
fakultativ: Vortreffen von zwei Kindern zu Motivationsklärung und Beziehungsaufbau

1) *Eingangsphase:*
Vorstellung von Gruppenprogramm, Leitung und Struktur/Ablauf
Kennenlernen der Kinder (siehe Modul 1) und ihrer Familien (siehe Modul 2)
Festlegung von Gruppenname, Gruppenregeln
parallel: Gruppenbildung

2) *Klärungsphase:*
Einführung externen Materials (Bilderbuch, Film, Geschichten) oder kreativer Zugangsweisen
Vertiefung von Schlüsselthemen (siehe Module 3, 4)
parallel: Gruppenkohäsion

3) *Bewältigungsphase:*
Erarbeitung von Stressbewältigungsstrategien (siehe Modul 5, 6)

Aufstellung Notfallplan, Etablierung positive erwachsene Bezugsperson
Ich-Stärkung
parallel: Gruppendifferenzierung

4) *Schlussphase:*
Sicherung des Gelernten und Erlebten (siehe Modul 7)
Verabredung weiterer Hilfen (Eltern-, Familiengespräch, Spieltherapie, ggf. Weiterverweis)
Abschied, Beendigung, Auswertung

Wer mit Kindern im Gruppensetting zu bestimmten familiären Veränderungen wie Trennung, Tod eines Familienmitglieds oder eben Erkrankung eines Elternteils zu arbeiten gewohnt ist, weiß, dass Kinder neben diesem „Thema" noch viele andere Dinge beschäftigen: die nächste Schularbeit, der Streit unter Geschwistern, das neueste Computerspiel usw. Gerade in der Anfangsrunde der Gruppentreffen, wenn es um das momentane Befinden der Kinder geht, wird die ganze kindliche Welt ausgebreitet. Wenn es allein nach der momentanen Vorliebe der Kinder ginge, würde man das gesamte Treffen mit solchen Erzählungen füllen, außerdem Bilder vom Smartphone austauschen und die restlichen Lücken würden durch die Gruppendynamik gefüllt: Wer darf wo sitzen, wer gewinnt beim Tischfußball usw. All dies muss auch Platz haben, denn Kinder möchten nicht auf eine Problemstellung reduziert werden – auch wenn sie sich in einer problembezogenen Präventionsgruppe befinden, die sich die Beratungsstelle mit Mühe ausgedacht hat.

Nun hat das Kind bei der elterlichen psychischen Erkrankung mit einer familiären Belastung zu tun, die unangenehm, peinlich oder beängstigend ist, und über die überhaupt nur vorsichtig gesprochen werden darf. Grund genug dafür, dass die Kinder das Thema leicht einmal gänzlich aussparen. Es bleibt daher die Aufgabe der Fachkräfte, behutsam aber bestimmt immer wieder die Aufmerksamkeit auf das gemeinsame Gruppenthema und damit die elterliche Erkrankung zu lenken. Die Gruppenleitung ist damit auch Modell dafür, dass über eine solche familiäre Besonderheit gesprochen werden darf und kann.

Natürlich wissen die Kinder aus den Vorgesprächen im Prinzip, worum es in der Gruppe geht, doch sind das Unbehagen oder die Unsicherheit oft stärker. Dem können die Fachkräfte begegnen, indem sie gerade in den ersten Gruppensitzungen wie ein Mantra wiederholt die zentrale Gemeinsamkeit aller Kinder betonen, dass jedes von ihnen einen Elternteil mit einer psychischen Belastung oder Erkrankung habe und deshalb auch an dieser Gruppe teilnehme. Dies hilft vorzubeugen, dass nicht die stillen, scheuen Kinder „auf Tauchstation gehen" und ihre Teilnahme auf das Zuhören beschränken. Gleichzeitig hat die Gruppenleitung Sorge dafür zu tragen, dass das Schwere, Traurige oder Peinliche nicht durch unbedachte Äußerungen anderer Gruppenmitglieder bagatellisiert und das Kind damit abgewertet wird.

Im weiteren Gruppenverlauf empfiehlt es sich, durchgängig darauf zu achten, dass das Maß, wie offen und unmittelbar ein Kind sich selbst einbringt oder wie viel Schutz und Zurückhaltung es realisiert, von ihm selbst reguliert werden kann. Dies gelingt gut, indem man zwischen „Kind" und „Thema" etwas Drittes einführt. Dieses Dritte kann zum Beispiel die Verwendung von kreativen Methoden (wie Malen, Gestalten mit Materialien usw.) oder die Umsetzung in Spielszenen (durch Handpuppen, Figuren, echtes Rollenspiel usw.) sein. Wobei mit diesen gefühls- und impulsaktivierenden Interventionen leicht der Selbstschutz der Kinder unterlaufen werden kann und sie mit einem Bild oder einer Spielsequenz unter Umständen wesentlich mehr von sich bloßlegen, als sie eigentlich gewünscht hätten. Im Folgenden wird am Beispiel des Kinderfachbuchs „Sonnige Traurigtage" (Homeier 2005) der Einsatz von Geschichten in Form von Bilderbüchern (oder bei Jugendlichen: Filmen) beschrieben:

Das Bilderbuchkind Mona wird in die Gruppe eingeführt wie ein weiteres Gruppenmitglied. Damit reiht sich Mona ein in die Gruppe der Kinder, deren gemeinsames Merkmal wiederholt damit beschrieben wird, dass ein Elternteil psychisch oder suchtbelastet ist. Dadurch haben die Kinder teil an den Erfahrungen von Mona und lernen in ähnlicher Weise von ihren zu sprechen. Dies wird dadurch erleichtert, dass Ähnlichkeiten oder Übereinstimmungen zwischen den Lebenssituationen von Mona bzw. den Gruppenkindern herausgearbeitet werden. Den Kindern wird das Vorgehen erklärt, dass ab dem dritten Treffen der erste Teil, nämlich der Bilderbuchteil von „Sonnige Traurigtage" in kleinen Abschnitten von vier bis achten Seiten gemeinsam angeschaut wird. Bis der Bilderbuchteil zu Ende gelesen ist, werden je nach Alter, Gesprächsbedarf bzw. Spielfreude der Kinder leicht acht Treffen oder mehr gebraucht.

Das Kinderfachbuch „Sonnige Traurigtage" im Einsatz

Die Seiten werden nacheinander aufgeschlagen. Die Gruppenleitung hält den Text zunächst verdeckt und lässt die Kinder die Bilder betrachten. „Was seht Ihr da?" oder „Was könnte da passiert sein?" sind Fragen, mit denen die Phantasien bzw. Assoziationen der Kinder angeregt und abgerufen werden.

Im zweiten Schritt wird der Text vom Kind, das an der Reihe ist, vorgelesen. Die Leitung vergewissert sich, ob der Text von allen verstanden wurde, und wiederholt ihn in eigenen Worten ausschnittsweise. Dann werden die Kinder eingeladen, ihre eigenen Einschätzungen und Bewertungen dazu abzugeben, ob sie mit den Ereignissen und Gedanken einverstanden sind oder nicht.

Im dritten Schritt werden die Kinder sinngemäß gefragt „Kennt Ihr das von zu Hause/von eurer Mama/von eurem Papa?" oder „Habt Ihr auch schon mal Ähnliches erlebt?" In der Regel beginnen einzelne Kinder von ihren eigenen Erfahrungen zu berichten, bei anderen ist die Hemmschwelle größer. Dann muss die Gruppenleitung mithelfen, indem sie Bezüge herstellt, konkrete Fragen stellt usw.

In Abwandlung dieses Grundmodells können einzelne Szenen aus dem Kinderbuch im Rollenspiel oder durch andere Methoden vertieft oder weiterentwickelt werden. Dies empfiehlt sich, um immer wieder auch Abwechslung in den Ablauf der Gruppe zu bringen.

Mit kaum einer anderen Methode sind Kinder so gut dazu zu bewegen, von ihren eigenen Erfahrungen zu berichten, als dass sie durch das Bilderbuchkind dazu angestiftet werden. Das Bilderbuchkind ist Modell für die Auseinandersetzung eines Kindes mit der Situation eines psychisch oder suchtbelasteten Elternteils. Das Medium Bilderbuch erlaubt es jedem Kind, die momentan zuträgliche Nähe oder Distanz zu den eigenen Erfahrungen zu regulieren. Es bleibt jedem Kind überlassen, ob es lieber von dem Bilderbuchkind spricht oder von den eigenen Erfahrungen. So oder so erhält das Kind die Nachricht, dass darüber gesprochen werden kann (zumindest in einem geschützten und haltenden Rahmen), dass Erwachsene (wie die Gruppenleiter) dies für wichtig erachten und dass auch andere Kinder eine ähnliche Situation erfahren.

In der praktischen Durchführung zeigt sich, dass die Kinder unterschiedlich aktiv und offen von dieser Möglichkeit Gebrauch machen. Am meisten dürften die Kinder profitieren, die – ausgelöst durch die Entwicklung in der Bilderbuchgeschichte – ihre eigenen Erfahrungen dazu in Bezug setzen. Aber selbst Kinder, die durchgängig schweigen bzw. ihre Erfahrungen nicht aussprechen können, lernen am Modell und nehmen eine Vielzahl bedeutsamer Informationen auf, ohne dass sie das familiäre Tabu oder ihre eingegangene Loyalität verletzten müssen.

Strukturierter Ablauf eines Treffens à 90 Minuten:

Eingangsphase (am Tisch) (10-15 Min.)

- Begrüßung, Singen eines Lieds o. ä. Ritual
- „Wetterbericht" – Befindlichkeitsrunde mit Wetterkarten o. ä.

Beschäftigungsphase – von Leitung gestaltet (30-40 Min.)

- Einführung des Themas dieses Treffens
- Alternative Methoden: Lektüre Bilderbuch, Rollenspiel, Malen o. ä.

Freispielphase – von den Kindern gestaltet
(im Raum bzw. im Hof/Garten) (20-30 Min.)

- Basteln, Malen, Tischtennis, Werken, Musikmachen, Kochen, Basketball, Puppenspiel, Kräftemessen usw.

Abschluss, Essen (am Tisch) (10-15 Min.)
- Feedbackrunde
- Abschlussessen – gemeinsam zubereitet oder von Leitung mitgebracht
- Verabschiedung

Mit der entsprechenden Grundhaltung gegenüber Kindern, einer Vorstellung vom Ablaufplan, der Kenntnis der kindlichen Situation und einem Fundus an Geschichten und Materialien ist ein Gelingen der Kindergruppe so gut wie vorprogrammiert – aber eben nur dann, wenn sich genügend Kinder für die Teilnahme gewinnen lassen. Dies ist trotz intensiver Öffentlichkeits- und Vernetzungsarbeit nicht garantiert. Wenn aufwändig organisierte Kindergruppenangebote mangels Teilnahme nicht wie geplant stattfinden können und die Mühe der Vorbereitung umsonst zu sein scheint, sind die Fachkräfte oder Leitungspersonen versucht, ihr Engagement für Familien mit einem psychisch erkrankten Elternteil als gescheitert zu betrachten, was nicht gerechtfertigt wäre. Das Problem liegt vielmehr darin, dass viele Beratungsstellen oder andere Einrichtungen diese Zielgruppenarbeit gerne mit der Durchführung einer Kindergruppe beginnen. Dafür mag es Gründe geben – für Kindergruppen kann man mit Flyern an die Öffentlichkeit gehen, leichter Sonderförderungen erhalten und mit der Konzipierung eines neuen Angebots punkten.

Umso größer ist die Enttäuschung, wenn die Gruppen nicht zustande kommen. Demgegenüber sei hier betont, dass die Durchführung von Kindergruppen nicht der alleinige „Königsweg“ zur Stärkung der Kinder und Unterstützung ihrer Familien ist. Die Einzel- und Familienberatung stehen den Gruppen in ihrer positiven Wirkung nicht nach, auch wenn ihr jeweiliges Potenzial verschieden ist.

Während bislang die Gruppen eher für Kinder im Grundschulter bis beginnende Pubertät im Blick waren, seien im Folgenden kurz auch die Gruppen für jugendliche und erwachsene Kinder sowie für Eltern erwähnt:

Bei der Frage nach einer Gruppenteilnahme agieren Jugendliche wesentlich selbstständiger als Kinder. Sie entscheiden sich am liebsten aus freien Stücken und lassen den Eltern kein großes Mitspracherecht. Manche Jugendliche schauen bereits auf viele Lebensjahre zurück, die durch die elterliche Erkrankung geprägt waren. Manche sehen sich dadurch als schwer belastet an, andere betonen ihre Stärke, mit der sie dies bewältigt haben. Der Austausch in der Gruppe erleichtert es, die Erfahrungen zu bewerten und einzuordnen. Viele der Themen, die für die Gruppenarbeit mit Grundschulkindern relevant sind, können auch mit den Jugendlichen bearbeitet werden, natürlich auf einem anderen Reflexionsniveau. Zudem verfügen Jugendliche über viel umfassendere Bewältigungsmöglichkeiten als jüngere Kinder. Filme oder Romane ersetzen Bilderbücher als Quelle von Aufklärung. Daneben tritt in der Gruppe die Aufgabe, mit den Jugendlichen Perspektiven für ihre künftige Entwicklung und Verselbständigung zu entwickeln (vgl. Stelling et al. 2008).

Lohnenswert ist auf jeden Fall eine Gruppeneinheit, die die biografische Entwicklung im Kontext der elterlichen Erkrankung nachzeichnet, zum Beispiel mit der Life-line-Methode. Zum einen gibt dies Raum für die emotionale Nachbearbeitung der erlebten Einschränkungen, zum anderen können die erworbenen Kompetenzen fokussiert werden. Mit dieser Einheit lernen sich die Gruppenmitglieder außerdem sehr gut kennen, was häufig zu einem intensiven Zusammenhalt führt. Die Jugendlichen bearbeiten in der Gruppe Fragen, die aus ihrer speziellen Lebensphase resultieren:

- „Darf ich mich ablösen und wie andere Gleichaltrige viel Zeit außerhalb meiner Familie verbringen?“ – Am Ende ist diese Frage sicherlich mit ja zu beantworten. Bis dahin ist es jedoch oft ein langer Weg der innerlichen oder äußeren Auseinandersetzung. Die Frage ist paradigmatisch für eine Vielzahl ähnlicher Konstellationen, bei denen das altersgemäße Bedürfnis eines Jugendlichen dem gefühlten oder ausgesprochenen Wunsch des betroffenen Elternteils entgegenläuft. Die Gruppenleitung sollte dieser inneren Zerrissenheit genügend

Raum geben. Das Potenzial der Gruppe liegt hierbei zum einen darin, dass die anderen Mitglieder dieses Dilemma und die einhergehenden Schuldgefühle kennen und mit Verständnis reagieren werden. Und zum anderen, dass sie sich gegenseitig unterstützen können bei der schrittweisen Entscheidung, ein eigenes Leben führen zu dürfen und zu müssen. Dies schließt nicht aus, dem betroffenen Elternteil auch weiterhin bei Bedarf Beziehung und Unterstützung zu geben, aber in Maßen – etwa vergleichbar mit den regelmäßigen Besuchen bei einem älteren, pflegebedürftigen Angehörigen.

- „Wie kann ich ein positives Selbstbild eines Erwachsenen entwickeln, wenn mir meine Eltern keine guten Vorbilder darin sind?" – Die Beschäftigung mit dieser Frage hat viel von einer Trauerarbeit. Anders als Kinder, die oft über Jahre hoffen, dass es „mit Vater wieder so wird wie früher" oder dass „Mutter sich irgendwann einmal um mich kümmern wird", müssen einige betroffene Jugendliche realisieren, dass die psychisch bedingte Einschränkung des Elternteils manchmal einen chronischen oder rezidivierenden Verlauf nimmt, sich die Hoffnungen also nicht erfüllen. Die Gruppe kann dabei helfen, dieser Tatsache ins Auge zu schauen, die Enttäuschung und Trauer miteinander zu teilen und schließlich einen Weg für die eigene Identitätsbildung zu finden. Als Ergänzung zu einem eingeschränkten oder brüchigen elterlichen Vorbild, können andere wichtige Bezugspersonen als Modell fungieren. Eine weitere Quelle eines positiven Selbstbilds kann in dem jungen Menschen selbst liegen – gemeint sind die Kompetenzen, die er in der Vergangenheit zur Bewältigung der besonderen familiären Situation entwickelt hat.
- „Wie erkläre ich meinem Freund, meiner Freundin, dass bei mir zu Hause einiges anders ist als üblich?" – Wenn Jugendliche erste verbindliche oder intime Beziehungen aufbauen, fühlen sich viele wie zwischen zwei Stühlen. Häufig ist die Ablösung von den eigenen Eltern noch nicht so weit vorangeschritten, dass der junge Mensch sich einigermaßen frei auf einen anderen einlassen kann. Unüblich ist ja oft nicht nur die die Situation zu Hause mit den Eltern, sondern auch die

eigene innere Prägung, was zwischenmenschliche Beziehungen betrifft. Dies kann eine besondere Schwierigkeit darstellen, zum Beispiel wenn man in der Partnerschaft ebenfalls eine helfende Rolle einnimmt. Umgekehrt bringen viele junge Menschen auch besondere Fähigkeiten wie Tiefgang, Einfühlung oder Zurückhaltung mit, die aus dem Zusammenleben mit einem psychisch belasteten Elternteil resultieren und die sie attraktiv für ihre Peers machen.

Pubertät, erste Liebe, Ablösung, Schulabschluss oder Wohnortwechsel vor Augen – auch für unbelastet aufgewachsene Jugendliche und junge Erwachsene sind diese Jahre bestimmt von Übergängen und Krisen. Viele psychische Probleme nehmen bekanntlich häufig in dieser Phase ihren Ausgang. Wer mit einem psychisch erkrankten Elternteil aufgewachsen ist, steht in dieser Zeit vor einer besonderen Herausforderung; zu differenzieren, welche emotionalen Befindlichkeiten und Gedankengänge quasi üblich für diese Lebensphase sind – also „normal" – und wo sich vielleicht eine eigene psychische Krise entwickelt. Eine professionell geleitete Gruppe von Gleichaltrigen kann ein guter Ort sein, die eigenen Wahrnehmungen zu sortieren und einzuordnen.

Gruppen für erwachsene Betroffene

Die erwachsenen Kinder psychisch erkrankter Eltern sind seit den 1990er Jahren eine gewichtige Stimme bei der Entdeckung dieser Risikogruppe und für die Entwicklung von Unterstützungsangeboten gewesen. Mit dem Verein Seelenerbe e. V. haben einige von ihnen ein Netzwerk und Forum geschaffen, um sich gegenseitig zu unterstützen und Öffentlichkeitsarbeit zu betreiben. Auf www.seelenerbe.de gibt es eine Deutschlandkarte mit (Selbsthilfe-)Gruppen für erwachsene Kinder. Jungbauer und Wirth (2016) berichten unter dem Titel „Der lange Schatten der Kindheit" von den Ergebnissen ihrer Studie mit erwachsenen Kindern psychisch erkrankter Eltern. Eine weitere Veröffentlichung mit ausführlichen Erfahrungsberichten betroffener erwachsener Kinder ist in Vorbereitung.

Mit dem Erreichen der Volljährigkeit endet nicht die besondere familiäre Situation, sondern sie setzt sich in veränderter Weise fort. Besteht die psychische Erkrankung weiter oder entwickelt sich zu einer anhaltenden Behinderung, verbleibt ein erheblicher Teil der Verantwortung bei den Angehörigen, also dem anderen Elternteil oder den inzwischen erwachsen gewordenen Kindern. Manche erwachsene Kinder setzen sich, so rasch es geht, durch Wohnortwechsel oder Partnerwahl bewusst und klar von ihrer Herkunftsfamilie und diesen Aufgaben ab. Andere übernehmen weiter die Zuständigkeit für den hilfebedürftigen Elternteil – vor allem dann, wenn dieser nicht durch Partner bzw. Partnerin oder durch professionelle Dienste unterstützt wird.

Ähnlich wie bei den Jugendlichen hilft auch den betroffenen Erwachsenen der Austausch mit anderen, das Schuldgefühl und die Verantwortungsübernahme für den Elternteil zu hinterfragen und zum Teil aufzulösen. Die Gruppe ist gleichzeitig ein tragender Ort dafür, das Schicksal – sich in einem gewissen Umfang um einen Elternteil kümmern zu müssen – zu teilen und anzunehmen. Eine Aufgabe, die in nicht belasteten Familien erst Jahrzehnte später mit dem Beginn von Altersgebrechlichkeit und Pflegebedürftigkeit einsetzt.

Wichtig für die Gruppenarbeit wie für das Leben der Mitglieder überhaupt ist, die Beschäftigung mit der elterlichen Erkrankung und die eigene Verantwortungsübernahme zu begrenzen und sich schwerpunktmäßig mit der eigenen Lebensgestaltung zu befassen, wie zum Beispiel Ausbildung und Beruf, Freundeskreis und Hobbys, oder Partnerschaft und ggfs. Familienplanung. Manche haben es – oftmals mit Hilfe eigener Psychotherapie – geschafft, ihr Leben zur eigenen Zufriedenheit zu gestalten. Andere tragen noch jahrzehntelang an den Folgen der seelischen Verwundung, die sie als Kinder erhalten haben.

Über Gruppen von psychisch erkrankten Eltern liegen bislang nur wenige Berichte vor. Es ist jedoch davon auszugehen, dass in der allgemeinen Gruppenarbeit mit psychisch beeinträchtigten Erwachsenen die Elternrolle, die eigene Erziehungsverantwortung und die Entwicklung des eigenen Kindes immer wieder als ein Thema neben anderen vorkommen. Da in den sozialpsychiatrischen Vereinen und Diensten, wo solche Gruppen häufig angesiedelt sind, allerdings die Mehrheit der betroffenen Menschen keine Kinder hat, dürfte das Thema der Elternschaft weniger Raum einnehmen als die Beschäftigung mit der eigenen Erkrankung oder der Teilhabe am gesellschaftlichen Leben. Aus diesem Grund sind spezifische Elterngruppen wünschenswert.

In ihnen werden die oben genannten Themen der Eltern im Gruppensetting bearbeitet, was viele Vorteile gegenüber einer Einzelsitzung bietet. Eltern können erleben, dass sie mit ihren Begrenzungen, Ängsten und Schuldgefühlen nicht alleine sind, und sich gleichzeitig darin unterstützen, diese besondere Herausforderung anzunehmen. Untereinander können betroffene Eltern am besten wertschätzen, mit welcher Mühe sie – neben der Bewältigung ihrer eigenen Erkrankung – die Kinder trotzdem nach Kräften zu lieben und zu fördern versuchen.

Schließlich kann die Elterngruppe ein hervorragender Ort dafür sein, gemeinsam die Ängste und Unsicherheiten gegenüber dem Jugendamt zu bearbeiten und eine Selbstsicht als „anspruchsberechtigte Leistungsempfänger" zu entwickeln.

Teil 3
Kooperation als Intervention

Kooperation – mehr Pflicht als Kür

Wenn sich Familien mit einem psychisch erkrankten Elternteil Unterstützung holen wollen, werden sie unter den gegenwärtigen Versorgungsbedingungen in Deutschland kaum ein Komplettangebot finden, das alle ihre unterschiedlichen Bedarfe umfassend beantworten kann. Vielmehr werden meist nur manche Aspekte abgedeckt und andere hintangestellt:

- Die Erwachsenenpsychiatrie und die Eingliederungshilfe für Erwachsene fokussieren vor allem den Patienten, die Patientin und nehmen deren Elternrolle und die Situation der Kinder kaum in den Blick.
- Die Jugendhilfe sieht zwar oft über das Kind hinaus auf die ganze Familie, einschließlich der Eltern, hat aber keinen Auftrag oder oft auch keine Fähigkeit zur Bearbeitung der psychischen Probleme der Erwachsenen.
- Die Kinder- und Jugendpsychiatrie arbeitet mit Minderjährigen, die bereits psychisch erkrankt sind, und bezieht die Eltern vor allem als Erziehungspersonen ein, nicht als Erwachsene mit einem eigenen Behandlungsbedarf.
- Andere Bereiche wie die Frühen Hilfen, die Kindertagesstätten oder die Schulen nehmen zwar oft die Beeinträchtigung der kindlichen Entwicklung durch eine elterliche psychische Belastung wahr, haben aber nicht die Funktion, darauf effektiv einzuwirken.

Vereinfacht ausgedrückt, sitzen die betroffenen Familien in aller Regel „zwischen den Stühlen" einer *erwachsenenbezogenen* Behandlung (Erwachsenenpsychiatrie) bzw. Rehabilitation (Eingliederungshilfe) einerseits und einer *kind- und erziehungsbezogenen* Unterstützung (Jugendhilfe) bzw. Behandlung (Kinder- und Jugendpsychiatrie) andererseits. Hüben wie drüben wird nur ein Teil des Hilfebedarfs gesehen und angegangen. Wenn hier also für eine intensive, im konkreten Alltag fest verankerte Kooperation der verschiedenen Versorgungssysteme geworben wird, dann geht es nicht nur um ein „nice to have", sondern darum, für die Familien endlich die erforderlichen *umfassenden* Hilfen zu entwickeln bzw. zu kombinieren. Erst die Zusammenarbeit schafft die Voraussetzung für bessere Lösungen. Sie ist keine Kür, sondern eine schlichte Notwendigkeit.

Hinzu kommt als weiteres Argument für Kooperation auch die oben erwähnte Tabuisierung der psychischen Belastung eines Elternteils und ihrer Auswirkungen auf die kindliche Entwicklung. Selbst wenn eine einzelne Berufsgruppe oder Institution für sich in Anspruch nähme, für die Familien ein ausreichendes und umfassendes Angebot zu machen, so wäre sie doch gar nicht in der Lage, damit einen Großteil der betroffenen Familien zu erreichen. Vorsichtig oder ambivalent wie sie häufig eingestellt sind, sollte erst einmal jeder bereits bestehende Kontakt eines Erwachsenen oder eines Kindes zu einem medizinischen oder psychosozialen Dienst – egal mit welchem Anliegen er aufgenommen wurde – als Einstieg für eine familienbezogene Hilfe genutzt werden. Davon ausgehend lässt sich dann Vertrauen aufbauen und die Familie gewinnen für eine umfassendere, dann auch andere Professionen und Dienste einbeziehende Hilfe. Egal wer den Anfang macht – die Frauenärztin, der Sozialarbeiter einer psychiatrischen Klinik, die Sozialpädagogische Familienhelferin, der Psychotherapeut oder eben die Fachkraft einer Erziehungs- und Familienberatungsstelle – sollte ein Basisangebot zu leisten imstande sein im Hinblick auf die familiäre Belastung durch eine elterliche psychische Erkrankung und dann die Familie behutsam an weitere Dienste heranführen.

Gewiss gibt es Einrichtungen und Fachleute, die von sich annehmen, über alle erforderlichen Kompetenzen und Blickweisen zu verfügen und daher auf Kooperation verzichten zu können. Trotzdem sollte man sich selbstkritisch prüfen, ob sich in der Haltung „Ich brauche nicht zu kooperieren, meine Hilfe ist umfassend genug" nicht eine Überschätzung der eigenen Möglichkeiten und eine Unterschätzung der Potenziale von Kooperation widerspiegelt.

„Kooperation: Finden alle prima – macht bloß niemand!“

Für ein Plädoyer „pro Kooperation“ gibt es in der Regel von allen Seiten einhellige Zustimmung. Im Widerspruch dazu steht die Erfahrung, dass eine effektive fallbezogene oder fallübergreifende Kooperation in der alltäglichen Arbeit vielerorts eher eine Seltenheit ist. Wie lässt sich diese Diskrepanz erklären?

Zunächst einmal muss man unterscheiden, dass zwar die fachliche Argumentation einleuchtend sein kann, sich aber nicht mit den konkreten Erfahrungen mit Zusammenarbeit decken muss. Pluto et al (2001) haben in einer empirischen Studie zum Thema Kooperation (am Beispiel der Jugendhilfe) aufgezeigt, dass im psychosozialen Versorgungsbereich, vielleicht mehr noch als im Gesundheitsbereich, „Kooperation“ eindeutig positiv besetzt ist. Dies werde in den Beiträgen der Fachkräfte aber eher pauschal und unhinterfragt vorgetragen. Untersuche man diese grundsätzliche Einschätzung allerdings genauer, tauchten schon Fragen auf, worin dieser gute Ruf von Kooperation eigentlich gründe, ob der praktische Effekt von Zusammenarbeit wirklich so groß sei und wie viel Bedeutung der Kooperation in der Institution tatsächlich eingeräumt werde.

Die fachlichen Motive zu kooperieren sind zahlreich und berechtigt. Man kann die Adressaten der Hilfe besser unterstützen oder auch weiterempfehlen, erlernt neues Wissen und erfährt einen Kompetenzzuwachs. Man versteht, wie andere Institutionen funktionieren und andere Berufsgruppen „ticken“ usw. Demgegenüber ist festzustellen, dass Kooperation bzw. der dafür erforderliche Aufwand in den beteiligten Institutionen oft nicht strukturell verankert sind. Kooperation wird behandelt wie eine Kür neben der eigentlichen Arbeit, die nur dann geleistet wird, „wenn jemand noch Zeit dafür hat“. Meist ist nicht systematisch vorgesehen, dass die Person, die zum Beispiel in einem interdisziplinären Arbeitskreis mitarbeitet, ihre Teammitglieder an den Lernerfahrungen teilhaben lässt oder dass die Institution sich verbindlich auf konkrete Kooperationsstandards verständigt. Im Extremfall wird Kooperation dann zum privaten Engagement der Fachkraft, anstatt sie (fallbezogen) als einen notwendigen Teil der Intervention

und (fallübergreifend) als einen verpflichtenden Baustein in der Etablierung und Vernetzung einer Einrichtung zu sehen (vgl. Pluto et al. 2001).
Neben der mangelhaften Verankerung einer echten interinstitutionellen Kooperation innerhalb der Einrichtung, rühren weitere Kooperationshindernisse aus dem Verhältnis zwischen „Psychiatrie" und „Jugendhilfe" – den beiden Versorgungsbereichen, die für die Unterstützung von psychisch erkrankten Menschen und ihren Kindern zentral sind. Verschiedene Autoren haben hierzu die Ergebnisse von Befragungen veröffentlicht (vgl. Schone, Wagenblass 2002; Lenz 2005). Wie gut oder schlecht Kooperation eingeschätzt wird – und infolgedessen auch fortgeführt oder eingestellt wird – hängt stark von den handelnden Personen auf beiden Seiten ab. Gelingt zwischen ihnen die fallbezogene Zusammenarbeit gut, wird sie als erfolgreich fortgesetzt. Kommt es jedoch, gerade zu Beginn, zu negativen Kooperationserfahrungen, wird der Versuch beendet und die negative Erfahrung verallgemeinert abgespeichert. Hier zeigt sich der Nachteil, dass Kooperation viel zu häufig personengebunden erfolgt und nicht interinstitutionell verankert ist.
Neben den konkreten Problemen und Konflikten, die in der meist fallbezogenen Kooperation zutage treten und die zum Teil – wegen des unterschiedlichen Auftrags der beteiligten Institutionen – auch ihre Berechtigung haben mögen, werden von den Angehörigen von Psychiatrie und Jugendhilfe auch eine Reihe von Klischees voneinander gepflegt. Kurz zusammengefasst (ausführlicher bei van Santen, Seckinger 2003, siehe Lenz 2005) lautet die Kritik der Psychiatrie an der Jugendhilfe:

- Sie denke zu negativ über die kranken Mütter und ihre Erziehungsfähigkeit,
- sie habe zu wenige Kenntnisse von Psychopathologie und den Entwicklungsverläufen,
- sie habe immer nur das Kind im Blick und favorisiere außerfamiliäre Hilfeformen und
- ihre Entscheidungsprozesse verliefen zu langsam.

Demgegenüber kritisiert die Jugendhilfe an der Psychiatrie:

- Sie erkenne die Jugendhilfe fachlich nicht genügend an,
- sie versuche dem Allgemeinen Sozialdienst des Jugendamts Anweisungen über das Vorgehen zu geben,
- sie sei vor allem am Wohl der Patienten interessiert und spiele die Folgen für die Kinder herunter

- und sie habe eine zu patientenzentrierte und nicht familienorientierte Sicht.

Auch in solchen Verallgemeinerungen stecken zum Teil zutreffende Beobachtungen über die andere Seite. Sie sollten jedoch nicht unbesehen als Grund für Kritik und Abwertung herangezogen werden. Vielmehr könnten sie auch als Ausdruck der unterschiedlichen Blickrichtungen und Herangehensweisen beider Seiten verstanden oder sogar geschätzt werden.

Im Hinblick auf die Unterstützung von Familien mit einem psychisch erkrankten Elternteil wird hier eine eher nüchterne Haltung bezüglich Kooperation eingenommen:

- Die Zusammenarbeit zwischen Jugendhilfe und Psychiatrie führt einerseits zu Verbesserungen und Erleichterungen, aber andererseits naturgemäß immer auch zu Problemen und Konflikten, die es zu verstehen und zu bearbeiten gilt.
- Kooperation gehört zur Arbeit und benötigt daher auch bestimmte Strukturen, Ressourcen und Kompetenzen, wenn sie gelingen soll. Der Ertrag liegt darin, dass für die betroffenen Familien bessere Lösungen gefunden werden können.
- Entgegen einer unkritischen Überbewertung oder klischeebehafteten Geringschätzung wird die verbindliche Kooperation mit dem anderen Versorgungsbereich als Standard angesehen, der zu den Regeln guten fachlichen Handelns gehört und entsprechend gelernt und entwickelt werden muss.

Beratungseinrichtungen bringen wichtige Voraussetzungen für Kooperation mit. Erziehungs- und Familienberatungsstellen sind geradezu prädestiniert dafür, eine gelingende Zusammenarbeit zwischen Jugendhilfe und Psychiatrie zu befördern, da sie einerseits in der Kinder- und Jugendhilfe verankert sind, andererseits aber auch eine Brücke zur medizinischen Versorgung schlagen können. Die historischen Wurzeln von Erziehungsberatung liegen auch im Gesundheitswesen und mit den Psychologischen Psychotherapeuten/innen sind Fachkräfte integriert, die die Beratungsstellen anschlussfähig machen für den psychiatrischen-psychotherapeutischen Bereich.

Für Fachkräfte von Beratungsstellen ist es wichtig zu wissen, mit welchen Ämtern, Diensten oder Einrichtungen die Familien mit einem psychisch erkrankten Elternteil zu tun haben (könnten). Da die Hilfen und Leistungen zum einen an die Kinder, zum anderen an die psychisch belasteten oder erkrankten Erwachsenen gerichtet sein können, kommt man auf eine sehr große Zahl potenzieller Kooperationspartner. Ohne Anspruch auf Vollständigkeit, sind in Tabelle 2 die wichtigsten von ihnen zusammengestellt. Sie lassen sich danach sortieren,

- ob das Angebot mehr auf das *Kind* zielt (linke Spalte) → hier werden vor allem die Leistungen der Jugendhilfe (SGB VIII) sowie der Kinder- und Jugendpsychiatrie (SGB V) aufgeführt, oder
- ob der Dienst eher den *Erwachsenen* im Blick hat (rechte Spalte) → hier finden sich vor allem die Leistungen der Erwachsenenpsychiatrie und -psychotherapie (SGB V), sowie die Eingliederungshilfe für psychisch erkrankte und behinderte Menschen (SGB XII).

Tab. 2: Familien mit einem psychisch erkrankten Elternteil begegnen zwei parallelen, oft unverbundenen Versorgungssystemen, die sich auf die Kinder (li.) oder auf den Erwachsenen (re.) richten.

Die Kinder im Blick	Der Erwachsene im Blick
Heimerziehung, Pflegefamilie, Kinder- und Jugendpsychiatrie, Kurzzeitpflege	Psychiatrie, Wohnheim, psychiatrische Familienpflege, Übergangseinrichtung
Tagesstätte, Tagesklinik	Tagesklinik, Tagesstätte
Sozialpädagogische Familienhilfe, Erziehungsbeistand, Familienpflege	Ambulant betreutes Wohnen, Assistenz beim Wohnen
Erziehungs- und Familienberatung	Sozialpsychiatr. Dienst, Beratungsstelle für seelische Gesundheit
Jugendamt	Gesundheitsamt
Familiengericht, Vormundschaft	Vormundschaftsgericht, Betreuung
Ambulante Kinder- und Jugendpsychiatrie und -psychotherapie	Ambulante Erwachsenenpsychiatrie und -psychotherapie
Selbsthilfeansätze	Selbsthilfeansätze

In der Tabelle stehen sich im Kern die beiden Versorgungsbereiche Psychiatrie (rechts) und Jugendhilfe (links) gegenüber, jeweils ergänzt durch weitere Angebote und das betreffende Amt, Gericht und Selbsthilfeangebot. Die Altersgrenze zwischen beiden Bereichen liegt bei 18 bis 21 Jahren. Mit dem Erreichen der Volljährigkeit und Selbstständigkeit wechselt die Zuständigkeit für die betroffenen jungen Menschen vom einen zum anderen Versorgungssystem. Der damit einhergehende Wechsel der Kostenträgerschaft ist oft Anlass für erhebliche Auseinandersetzungen.

In der Unterstützung von Familien mit einem psychisch erkrankten Elternteil ist allerdings auf einen wichtigen Unterschied hinzuweisen:

- Im Bereich „rechts“, also bei der erwachsenen Person, die als Mutter oder Vater zu der Familie gehört, liegt eine psychische Krise oder Erkrankung oder Behinderung vor. Ein Behandlungs-, Rehabilitations- bzw. Betreuungsbedarf ist damit immer gegeben.
- Im Bereich „links“, die die kindliche Entwicklung und darüber hinaus die elterliche Erziehung fokussiert, ist ein Teil der Kinder oder Jugendlichen beschwerdefrei („gesund“). Ein eigener Behandlungsbedarf liegt nicht vor. In diesem Fall würden sie vielleicht von einer präventiven Unterstützung in der Bewältigung der familiären Besonderheit oder von einer Förderung der elterlichen Erziehungskapazität profitieren. – Ein anderer Teil der Minderjährigen ist dagegen bereits durch die elterlichen Erziehungsdefizite beeinträchtigt, zeigt Entwicklungsprobleme oder bildet eine eigene psychische Störung aus. Damit wären sie selbst unterstützungs- bzw. behandlungsbedürftig.

Erziehungs- und Familienberatung hat Möglichkeiten und Kompetenzen für die ganze Bandbreite dieser Kinder. In kaum einer anderen Einrichtungsart können Kinder so überzeugend wie in diesen Beratungsstellen erleben, dass sie nicht nur „noch nicht erkrankt“ sind, sondern dass sie zunächst als Kinder angesehen werden, die mit einer besonderen Herausforderung leben. Um mit dem Stress einer elterlichen psychischen Erkrankung umgehen zu können, erlernen die Kinder bestimmte „Stressbewältigungsstrategien“ und holen sich dafür zum Beispiel die Unterstützung einer Peergruppe von gleichermaßen betroffenen Gleichaltrigen oder einer professionellen Fachkraft der Beratungsstelle.

Genauso kann diese aber auch damit umgehen, wenn Kinder in ihrer Entwicklung bereits erheblich beeinträchtigt sind oder eine psychische Erkrankung ausbilden. Sie wird entscheiden, wieweit die eigenen pädagogisch-therapeutischen Möglichkeiten reichen und wo (auch) eine kinder- und jugendpsychiatrische oder -psychotherapeutische Behandlung angezeigt ist.

Von oben nach unten sind die stationären und teilstationären Angebote über die ambulanten Dienste sowie Ämter und Gerichte bis hin zu den Selbsthilfemöglichkeiten angeordnet. Geht man Zeile für Zeile durch, fällt auf, wie gleichartig die Leistungen sind, zum Teil bis in die Namensgebung hinein – eben mit dem Unterschied, dass sie sich zum einen an die Kinder, zum anderen an die Erwachsenen richten:

- Auf beiden Seiten gibt es vollstationäre Angebote: als Kliniken für den Zeitraum einer Behandlung oder als Heime für längere Zeiträume der Erziehung bzw. der Betreuung. An die Möglichkeit, anstelle von einer stationären Einrichtung in einer Pflegefamilie zu leben, wurde ebenfalls für Kinder wie für Erwachsene gedacht. Erwähnt werden sollte hier, dass diese Hilfeformen in konventionellen Einrichtungen in aller Regel mit einer Trennung von Eltern und Kind verbunden sind.
- Die Behandlung, Erziehung oder Betreuung nur tagsüber („tagesklinisch“ bzw. „teilstationär“) durchzuführen, ist ebenfalls für beide Seiten vorgesehen. So können bei einer Familie die Eltern und das Kind täglich Kontakt miteinander haben.
- Eine ambulante, aber immer noch intensive, weil aufsuchende Form ist auf Jugendhilfeseite die Sozialpädagogische Familienhilfe (SPFH) oder die Erziehungsbeistandschaft (ergänzt durch die Familienpflege nach SGB V), auf Psychiatrieseite das Ambulant betreute Wohnen (ABW), auch als Assistenz beim Wohnen konzipiert.

- Ebenfalls eine Ähnlichkeit haben die Erziehungs- und Familienberatung einerseits bzw. der Sozialpsychiatrische Dienst andererseits, wobei diese in den Bundesländern verschieden entwickelt wurden. Es überwiegen die Kommstruktur und der niederschwellige, zumeist selbstinitiierte Zugang der Hilfesuchenden zu den Angeboten.
- Jugendamt und Gesundheitsamt verbindet, dass beide Ämter neben anderen Dienstleistungen auch gesetzlich begründete Eingriffsrechte ausüben, sei es bei Kindeswohlgefährdung, sei es bei Selbst- oder Fremdgefährdung.
- Dieser öffentliche Auftrag ist überprüfbar bzw. muss legitimiert werden durch das Familiengericht (z. B. bei der erzwungenen Herausnahme eines Kindes gegen den Willen des Elternteils) bzw. durch das Vormundschaftsgericht (z. B. bei der Errichtung einer Betreuung mit dem Ziel einer psychiatrischen Behandlung).
- Schließlich folgen die ambulanten psychiatrischen oder psychotherapeutischen Behandlungen in Praxen für Kinder, Jugendliche oder für Erwachsene.
- Der Bereich der Selbsthilfe ist naturgemäß vor allem im Bereich der Erwachsenen mit psychischen Krisen oder Erkrankungen von Bedeutung, wohingegen Kinder und Jugendlichen für ihre Selbstorganisation in Gruppen o. ä. zumeist der Unterstützung von Erziehungsberechtigten oder Fachkräften bedürfen.

Dass auf beiden Seiten ganz ähnliche Angebote und Zugänge entwickelt wurden – in der historischen Entwicklung getrennt für Kinder und Jugendliche einerseits und für Erwachsene andererseits – lässt sich damit begründen, dass es für beide Zielgruppen ein breites Spektrum verschiedener Hilfen geben muss, die je nach Bedarf in Anspruch genommen werden.

Zu einem Problem wird die Zweiteilung der Versorgungslandschaft aber dadurch, dass beide Hilfesysteme durch eine erhebliche Kluft getrennt sind und zumeist unverbunden vorgehen. Hier erhält z. B. das durch die elterliche Erkrankung belastete Kind eine präventive Jugendhilfemaßnahme, dort wird der psychisch erkrankte Erwachsene behandelt. Dass beide in einer Familie leben und ihre Probleme miteinander zu tun haben, wird vielleicht gewusst, aber nicht in eine gemeinsame abgestimmte Vorgehensweise (Behandlung, Prävention, …) umgesetzt.

Fremdheit zwischen Psychiatrie und Jugendhilfe

Wer sich zum Beispiel als Fachkraft einer Beratungsstelle auf den Weg macht, eine fallbezogene und fallübergreifende Zusammenarbeit zwischen Diensten der Erwachsenenpsychiatrie und der Jugendhilfe zu etablieren, stößt mit hoher Wahrscheinlichkeit auf Schwierigkeiten und Hindernisse, die befremdlich und nicht gleich verständlich sind. Sie reichen tiefer als die oben bereits genannten Klischees und sind auch nicht durch vorangegangene negative Kooperationserfahrungen zu erklären. Sie erstaunen umso mehr, als sie auch zwischen Fachkräften mit der gleichen Berufsausbildung auftreten können, also zum Beispiel zwischen einer Sozialpädagogin eines Kinderheims und dem Sozialpädagogen einer psychiatrischen Klinik.
Zu besserem Verständnis hilft es, sich zu vergegenwärtigen, dass wir es bei „Psychiatrie“ und „Jugendhilfe“ nicht einfach nur mit zwei Leistungserbringern zu tun haben, sondern dass beide Versorgungsbereiche im Laufe von Jahrzehnten unterschiedliche Organisationskulturen entwickelt haben. Die Institutionen und ihre Fachkräfte „ticken anders“, und das bei einer ganzen Reihe von Aspekten des Arbeitshandelns, die für gelingende Kooperation bedeutsam sind:

- *Störungsmodell:* Ist das fachliche Vorgehen der Organisation eher durch das medizinische oder durch psychosoziale Störungs- und Behandlungsmodell gekennzeichnet?
- *Umgang mit Zeit:* Wie schnell werden Entscheidungen getroffen oder Maßnahmen durchgeführt?
- *Hierarchie:* Müssen alle Vorgänge der Leitung vorgelegt werden, oder können auch Fachkräfte der Arbeits- oder mittleren Ebene Entscheidungen treffen?
- *Kommunikation:* Wie und wie viel wird überhaupt kommuniziert? Welche Kommunikationsmittel werden bevorzugt? Wie wird der Datenschutz realisiert?

- *Berufliche Rangreihe:* Welche Berufsgruppe sieht sich einer anderen gegenüber als überlegen oder unterlegen? Wer muss sich wessen Spielregeln beugen?
- *Besprechungskultur:* Wie viel Zeit wird für gemeinsame Meinungsbildung vorgesehen, und wie laufen die Zusammenkünfte ab?
- *Wahrnehmungsgewohnheiten:* Welcher Ausschnitt der Wirklichkeit wird auftragsgemäß besonders wahrgenommen, welche Aspekte werden eher ausgeblendet?
- *Sozialisation:* Wie ist das Selbstverständnis der Fachkräfte – sehen sie sich vor allem als Entscheider und Behandler, oder eher als Unterstützer und Helfer?

Bereits während der Ausbildung beginnt die Entwicklung der Berufsrolle. Sie bildet sich zum einen aus den Merkmalen der Person, zum anderen aus den Rollenmerkmalen, die seitens der Organisation, der bereits etablierten Mitglieder der Berufsgruppe und der Öffentlichkeit zugewiesen werden. Diese Prägung setzt sich fort mit dem Moment, an dem die Tätigkeit in der Organisation aufgenommen wird. Jeder Beruf und jede Institution hat ein Set von expliziten und impliziten Verhaltensregeln, die von neuen Mitarbeitenden übernommen werden, um dazuzugehören.

Die Zusammenarbeit zwischen zwei jeweils unterschiedlich geprägten Organisationen kann infolge der unterschiedlichen beruflichen Sozialisation der Kooperationspartner leicht befremden und irritieren. Erschwerend kommt hinzu, dass die Versorgungsbereiche eher geschlossene Systeme sind. Die berufliche Entwicklung einer Fachkraft erfolgt meist innerhalb der gleichen Sparte. Ein Wechsel zum Beispiel von der Psychiatrie in die Jugendhilfe oder umgekehrt ist eher selten, wäre aber eine interessante Lernchance. – Je besser jede Seite versteht, wie und warum sich die Gegenseite so verhält, desto leichter fällt es, die Fremdheit zu überwinden und konstruktiv zugunsten der Hilfesuchenden nach der besten Lösung zu suchen.

Der wichtigste Grund jedoch für Kooperationsprobleme und Konflikte zwischen Psychiatrie und Jugendhilfe – zwischen beiden Seiten des Versorgungssystems – liegt jedoch darin, dass sie bei einer Familie mit einem psychisch erkrankten Elternteil unterschiedliche Blickrichtungen einnehmen. Sie tun dies, weil sie jeweils einen eigenen Auftrag haben, bei dessen Erfüllung es naturgemäß zu Interessenskonflikten kommen kann oder zum Teil sogar kommen muss:

Die *Erwachsenenpsychiatrie* hat den Auftrag, eine psychisch erkrankte erwachsene Person zu behandeln, die dies wünscht (oder bei der die Gesellschaft annehmen muss, dass sie einer Gefährdung nicht anders abhelfen kann). Die Person hat ein Anrecht auf diese Behandlung, hat aber auch die Freiheit, eine Behandlung abzulehnen und die Erkrankung im Rahmen bestimmter Grenzen auszugestalten. Dass diese Person in ihrem Leben bestimmte Rollen oder Funktionen (z. B. im Beruf, in Familie oder Sozialbeziehungen) einnimmt, bezieht die Psychiatrie insoweit ein, als dies die Heilung und Stabilisierung unterstützen könnte. Seit der Psychiatriereform wird besonders an dem Berufskontext oder mit den Eltern oder dem Partner einer Patientin gearbeitet. Die Elternrolle, also die Funktion Kinder zu versorgen, zu erziehen und mit ihnen eine Beziehung einzugehen, wird von psychiatrischen Fachkräften nach eigenem Bekunden bislang erst ansatzweise berücksichtigt.

Die *Jugendhilfe* hat den Auftrag, junge Menschen in ihrer Entwicklung zu fördern und Eltern bei der Erziehung zu beraten und zu unterstützen, die dies wünschen bzw. die einen Bedarf sehen (oder bei denen die Gesellschaft einer Gefährdung des Kindeswohls abhelfen muss). Junge Menschen haben nach dem Gesetz ein Anrecht auf Förderung ihrer Entwicklung und auf Erziehung zu einer eigenverantwortlichen und gemeinschaftsfähigen Persönlichkeit. Personenberechtigte haben einen Anspruch auf Hilfe, wenn eine dem Wohl des Kindes oder Jugendlichen entsprechende Erziehung nicht gewährleistet ist. Die Jugendhilfe sieht den jungen Menschen vor allem in seiner familiären Rolle als „Kind“ bzw. als „Jugendliche/r“, und die Erwachsenen als „Eltern“ bzw. „Personensorgeberechtigte und -pflichtige“. Dass diese erwachsenen Personen womöglich eine psychische Erkrankung entwickelt haben, hat die Jugendhilfe nur insoweit in den Blick zu nehmen, als dies die Elternfunktion, also die Beziehungs- oder Erziehungsfähigkeit beeinflusst.

An dieser Erwachsenen- oder Patientenorientierung der Erwachsenenpsychiatrie (und -psychotherapie) bzw. an der Kind- und Familienorientierung der Jugendhilfe (und ähnlich der Kinder- und Jugendpsychiatrie) ist zunächst nichts auszusetzen, sie können aber zu entgegengesetzten Handlungsstrategien führen. Im Kontext von Familien mit einem psychisch erkrankten Elternteil erleichtert es daher die Kooperation, wenn beide Seiten offen ihren jeweiligen Auftrag, ihre Grundorientierung reflektieren und akzeptieren, dass die jeweils andere Sichtweise die gleiche Berechtigung hat.

Dies ist leichter gesagt als getan, da die alltägliche Arbeitserledigung in den Einrichtungen, verstärkt durch die allgegenwärtige Überbelastung, oft zu Routinen führt, die die einseitige Herangehensweisen der Erwachsenen- bzw. Kindorientierung noch zementieren. Es hat manchmal den Anschein, als hätten sich organisationale Trancezustände entwickelt. Die „Scheuklappen" der eigenen Wahrnehmungsgewohnheiten lassen stets nur Teile der Wirklichkeit erkennen, und im Falle der fallbezogenen Kooperation mit einem Mitglied von der anderen Seite sind Irritationen oder Konflikte die Folge.

In der Mehrzahl der Fälle von Familien mit einem psychisch erkrankten Elternteil dürften Patientenrecht und Kinderrecht miteinander zu verbinden sein. So ist es natürlich für Kinder die nächstliegende Entlastung, wenn sich Vater oder Mutter erfolgreich behandeln lassen, so dass sie wieder – wie vor der Krise – die Kinder versorgen, erziehen und liebhaben können. Wie oben gesagt, haben viele Kinder in solchen Familien (noch) keine eigene psychische oder Entwicklungsbeeinträchtigung und brauchen vor allem die elterliche Stabilisierung. Und eine altersgerechte Aufklärung darüber, was sie erlebt haben.

Aber es gibt auch die anderen, konflikthaften Konstellationen, in denen sich das Recht und die Bedürfnisse des Erwachsenen einerseits und das Recht und der Bedarf des Kindes einander gegenüberstehen. Empfehlungen von erwachsenenpsychiatrischer Seite, das Kind möge doch bei der allein erziehenden, psychisch erkrankten Mutter verbleiben, da diese sonst erneut in eine Krise geraten würde, gehören noch immer nicht ganz der Vergangenheit an. Ähnlich verkürzt handelt aber auch eine Jugendhilfefachkraft, die über Jahre vergeblich die Entwicklung eines Kindes in seiner Familie zu unterstützen versucht, anstelle die psychische Erkrankung der Mutter zu erkennen und sie zur Behandlung zu bewegen, wenn die Jugendhilfemaßnahme fortgesetzt werden solle.

Beide Blickrichtungen kommen zusammen, wenn man die Familien mit einer systemischen Sicht betrachtet. In der system- und prozessorientierten Herangehensweise ist es selbstverständlich, dass es konfligierende Bedürfnisse und Entwicklungsrichtungen gibt, und dass diese im zeitlichen Verlauf immer wieder neu austariert werden müssen. Für Fallbesprechungen bedeutet dies, dass die Fachkräfte von Jugendhilfe und Psychiatrie die unterschiedlichen Perspektiven offen zusammentragen und daraus für die Gegenwart tragfähige Lösungsvorschläge entwickeln müssen, die regelmäßig in der Zukunft wieder neu bewertet und gegebenenfalls modifiziert werden.

Fehlende Krankheitseinsicht und mangelnde Systemsicht

Als zentrales Hindernis bei der Unterstützung für psychisch erkrankte Eltern und ihre Kinder wird häufig die fehlende Krankheitseinsicht und Behandlungsbereitschaft der Erwachsenen genannt. Auf der Ebene der Versorgungssysteme scheint damit die mangelnde Systemsicht und Kooperationsbereitschaft der beteiligten Einrichtungen und Berufsgruppen zu korrespondieren.

Viele Beratungsstellen – Erziehungs- und Familienberatung, Schwangerschafts-, Sucht-, Ehe- und Lebensberatung oder Beratungsstellen für seelische Gesundheit – bringen für die geforderte systemische Sicht günstige Voraussetzungen mit. In den meisten Diensten arbeiten Fachkräfte, die eine Weiterbildung zum systemischen Berater oder zur systemischen Therapeutin absolviert haben. Sie sind geübt, in Beratungen wechselnde Perspektiven einzunehmen und miteinander in Bewegung und Ausgleich zu bringen. Integrierte Beratungsstellen, in denen Kollegen/innen mit unterschiedlichen Aufträgen und Blickweisen zusammenarbeiten, bieten darüber hinaus eine zusätzliche Chance.

Hinzu kommt, dass Beratungsstellen von ihrer Organisationskultur her generell kooperativ eingestellt und in der Regel gut in verschiedene andere Versorgungsbereiche hinein vernetzt sind.

Bei der Gegenüberstellung in Tabelle 2 wurden vor allem die unterscheidenden oder trennenden Aspekte herausgearbeitet. In umgekehrter Richtung ist die beschriebene Unverbundenheit allerdings auch eine Einladung zur kreativen Kooperation. Betrachtet man die wegweisenden Projekte der letzten zwanzig Jahre oder die Einrichtungen, die zum Beispiel in der BAG „Kinder psychisch erkrankter Eltern“ (www.bag-kipe.de) organisiert sind, zeigt sich, dass die meisten von ihnen aus der Verbindung der einen Seite mit der anderen entstanden sind. Auch wenn die konkrete Form der Kooperation verschieden aussieht, wurden im Ergebnis stets Einrichtungen oder Kompetenzen beider Seiten zusammengebracht. Hier einige Beispiele:

- Kooperation zwischen einer erwachsenenpsychiatrischen Klinik und einer Erziehungsberatungsstelle (oder kindertherapeutischen Praxis): An vielen Kliniken sind mittlerweile niederschwellige Beratungsmöglichkeiten (sie heißen z. B. „Familiensprechstunde“ oder „Kindersprechstunde“) etabliert worden, bei denen Fachkräfte mit Jugendhilfebezug mit den Patient/innen, ihren Angehörigen oder Kindern über Fragen der Erziehung, die Aufklärung der Kinder oder die Wahrnehmung der Elternrolle sprechen.
- Kooperation zwischen einer Reha-Einrichtung für psychisch erkrankte Menschen und einer stationären Jugendhilfemaßnahme: Vereinzelt gibt es in Deutschland Einrichtungen des Eltern-Kind-Wohnens für psychisch erkrankte Mütter (oder Väter) mit ihren kleinen Kindern, die mit intensiver Unterstützung für Erwachsene und Kinder in die Lage versetzt werden sollen, später betreut oder ganz selbständig als Familie zusammen zu leben. Zentral ist in diesen Diensten auch die Förderung der Mutter-Kind-Interaktion durch videogestützte Verfahren.
- Kooperation zwischen ambulanter Eingliederungshilfe und

ambulanter Jugendhilfe: Vielerorts arbeiten zum Beispiel Fachkräfte des Ambulant Betreuten Wohnens (ABW) und der Sozialpädagogischen Familienhilfe (SPFH) erfolgreich zusammen, wobei das ABW die psychisch erkrankte oder behinderte Person unterstützt bei Gesundheitsversorgung, Alltagsstrukturierung, Kontaktgestaltung, Tagesbeschäftigung usw. und die SPFH das Kind bei seiner Entwicklung und den Erwachsenen bei der Wahrnehmung seiner Elternrolle.

- Kooperation zwischen einem Sozialpsychiatrischen Dienst und einer Erziehungs- und Familienberatungsstelle: Auch hier geht es um die fallbezogene Zusammenarbeit bei der Erfüllung des unterschiedlichen Auftrags in der gleichen Familie. Wie auch im vorherigen Beispiel, ist hier die Zusammenarbeit erleichtert, wenn beide Dienste bei dem gleichen Träger angesiedelt sind oder gar beide Leistungen durch den gleichen Dienst erbracht werden. Diese „Hilfe aus einer Hand“ kann in geeigneten Situationen sogar soweit gehen, dass die gleiche Fachkraft in einer Familie beide Leistungen übernimmt, und dazu transparent zwischen den Rollen wechselt.
- Kooperation zwischen psychiatrischer Familienpflege und Pflegefamilie: Es gibt Ansätze, dass motivierte Pflegefamilien ihr Angebot dahingehend öffnen, dass sie nicht nur ein Pflegekind oder nur eine psychisch erkrankte Person mit Betreuungsbedarf aufnehmen, sondern eine Kleinfamilie, bestehend zum Beispiel aus Mutter und Kind. Analog zu einer stationären Mutter-Kind-Einrichtung, kann in dieser Konstellation sowohl den Bedarfen des Erwachsenen als auch des Kindes entsprochen werden.
- Kooperation in Form wechselseitiger Konsiliartätigkeit: Dass Fachkräfte anderer Einrichtungen oder Fachrichtungen zu Rate gezogen werden, gibt es in verschiedenen Diensten des Gesundheitswesens, der Eingliederungshilfe oder der Jugendhilfe. Selten ist dies bislang zwischen Psychiatrie und Jugendhilfe der Fall. Vereinzelt gibt es jedoch bereits Absprachen, dass zum Beispiel eine Jugendhilfemitarbeiterin regelhaft in das Entlassmanagement einer psychiatrischen Klinik einbezogen wird, oder eine Erziehungsberatungsstelle mit einer er-

wachsenenpsychiatrischen Praxis eine Konsiliarbeziehung eingeht.

- Kooperation in gemischt besetzten Helferkonferenzen: An vielen Orten werden gute Erfahrungen damit gemacht, bei Helfer- oder Hilfeplankonferenzen zu einer Familie mit einem psychisch erkrankten Elternteil auf die Beteiligung sowohl von psychiatrischer als auch Jugendhilfeexpertise zu achten. Die abgeschwächte Form davon sind der meist telefonische Austausch zum Beispiel zwischen Jugendamtsmitarbeiter und Psychiaterin im Vorfeld von Entscheidungen über das weitere Vorgehen. Die notwendige Einwilligung der Betroffenen ist umso leichter zu erreichen, als beide Seiten von Sinn der Kooperation überzeugt sind und dies entsprechend kommunizieren.

Kooperationsverbund und Kooperationsvereinbarung

Der praktische Einstieg in die Kooperation vor Ort kann ganz unterschiedlich erfolgen. Mancherorts beginnt sie bei der persönlichen Bekanntschaft oder beruflichen Zusammenarbeit zwischen zwei oder mehr Fachkräften aus Jugendhilfe und Psychiatrie. So kann es vorkommen, dass beispielsweise ein Mitarbeiter der Erziehungsberatungsstelle und eine niedergelassene Psychiaterin sich privat über den Elternbeirat der Schule ihrer Kinder kennenlernen und diesen Kontakt dann – bei Vorliegen einer Schweigepflichtentbindung – bei einem gemeinsamen Fall nutzen. Exemplarisch wird im Austausch erlebt, wie fruchtbar Kooperation sein kann. Dieser Impuls wird dann im Kollegenkreis weitergegeben, so dass auch andere davon profitieren können.

In anderen Städten oder Regionen entsteht der Impuls zur Kooperation bei Familien mit einem psychisch erkrankten Elternteil in bestehenden Arbeitskreisen oder Gremien. Zu denken wäre an den Regionalen Steuerungsverbund (ehemals Psychosoziale Arbeitsgemeinschaft), das Netzwerk Frühe Hilfen, den Qualitätszirkel von Psychiaterinnen und Psychotherapeuten oder an die verfassten Planungsausschüsse der Jugendhilfe bzw. der Eingliederungshilfe. Selten gibt es Foren, in denen sich Fachkräfte aus den verschiedenen Versorgungssystemen Jugendhilfe, Psychiatrie, Sozialpsychiatrie usw. bereits regelmäßig treffen. Für den Beginn einer Kooperation wird man sich daher gegenseitig einladen, um gemeinsam an dem Thema zu arbeiten.

Der Klassiker für den Start einer interinstitutionellen Kooperation ist die Ausrichtung einer halb- oder eintägigen Fachtagung zum Thema „Kinder und ihre psychisch erkrankten Eltern". Entscheidend ist, ob es gelingt, Fachkräfte aus möglichst vielen beteiligten Berufsgruppen und Einrichtungen zur Teilnahme zu gewinnen. Dies wird erleichtert, wenn die Veranstaltung bereits von einem gemischten Team aus Jugendhilfe und Psychiatrie ausgerichtet wird. Auch die geschickte Wahl des Veranstaltungsortes kann dazu beitragen, dass sich Sozialarbeiter, Ärztinnen, Psychotherapeuten oder Pädagoginnen gleichermaßen eingeladen fühlen. An der Ausschreibung entscheidet sich oft bereits, ob die Unterschiede zwischen den jeweiligen Organisationskulturen berücksichtigt und die üblichen No-Gos vermieden werden konnten. Für das Hauptreferat haben Fachleute von außerhalb, die von erfolgreichen Projekten und Kooperationen berichten, den Vorteil, dass sie sich im örtlichen Spannungsfeld zwischen Jugendhilfe und Psychiatrie frei bewegen und beide Seiten zur Zusammenarbeit motivieren können. Grußworte zum Beispiel der Chefärztin der psychiatrischen Klinik und des Leiter des Sozialreferats, können zum Ausdruck bringen, dass eine Kooperation der Fachkräfte von der obersten Leitung her gewünscht wird.

Erziehungs- oder Ehe-, Familien-, Lebensberatungsstellen können bei den beiden letztgenannten Initiativen eine wichtige Rolle als Impulsgeber oder Vermittler spielen. In der Regel sind sie bereits in verschiedenen Arbeitskreisen vielfältig vernetzt. Ihre psychotherapeutisch ausgebildeten Fachkräfte, oftmals erfahren in der Behandlung psychisch Kranker, können die Brücke schlagen zu den psychiatrischen Kliniken oder Praxen. Zugleich gehören sie zur Jugendhilfe, haben aber in der allgemeinen Wahrnehmung – gerade wenn sie sich in freier Trägerschaft befinden – einen eigenen Stand, der sie zu allen Seiten hin als unabhängig und unvoreingenommen erscheinen lässt.

Die Einladungs- oder Teilnahmeliste eines Arbeitskreises oder einer Fachtagung bildet in der Regel den Grundstock für einen Verteiler von interessierten bzw. beteiligten Fachkräften und Einrichtungen im Umfeld von Familien mit einem psychisch erkrankten Elternteil. Diese Liste von Kontaktdaten fortlaufend zu pflegen und zu erweitern, kann eine sinnvolle Aufgabe für eine Beratungsstelle sein. Sie gewinnt damit die Möglichkeit, besondere Angebote wie z. B. Kinder- oder Elterngruppen einer breiten Fachöffentlichkeit bekanntzumachen. Ohne Multiplikatoren und etablierte Zuweisungswege gelingt es kaum, genügend Teilnehmer/innen zu gewinnen.

Öffentlichkeits- und Multiplikatorenarbeit

Als erfreuliches Ergebnis beginnender Kooperation kann bei entsprechendem Engagement eine Veranstaltung für die breite Öffentlichkeit oder für Multiplikatoren durchgeführt werden. Hilfreich ist es, wenn zwei, drei namhafte Dienste oder sogar das ganze Netzwerk als Veranstalter auftreten. Gute Erfahrungen werden gemacht mit:

- Lesungen aus Jugend- oder Erwachsenenbüchern, Berichte von betroffenen Eltern oder von erwachsenen Kindern psychisch Erkrankter
- Fachvorträgen für Betroffene, Angehörige und Fachkräfte der psychosozialen Versorgung
- Präsentationen von Kinderbüchern mit begleitendem Fachinput
- Vorführungen einschlägiger Filme mit anschließender Diskussion
- Beteiligung an Gesundheitstagen, Selbsthilfemessen, Tag der Offenen Tür usw.

Das Ziel solcher Veranstaltungen ist zweifach: Zum einen soll den Familien und ihrem Umfeld vermittelt werden, dass sie nicht alleine sind, ihre Nöte wahrgenommen werden und Hilfe möglich ist. Zum anderen richten sie sich mittelfristig auf die Entstigmatisierung psychischer Erkrankungen in unserer Gesellschaft. Anstelle von Unverständnis und Ausgrenzung soll das soziale Umfeld lernen, den Kindern und ihren psychisch erkrankten Eltern Hilfe und Entlastung anzubieten, sie also „in die Mitte der Gemeinschaft" einzuladen.

Nach einem gelungenen Auftakt, in dem sich die Beteiligten auf die Kooperation und die verbesserte Versorgung betroffener Familien verständigen, stellt sich die Frage der Weiterarbeit. In einigen Regionen Deutschlands sind spezielle Arbeitskreise entstanden, die sich im jährlichen Turnus oder häufiger treffen – mit gleichbleibender oder abnehmender Beteiligung. Die Wichtigkeit von Kooperation ist nach ein, zwei Zusammenkünften zumeist auch verstanden worden. Anstatt ihre Notwendigkeit verbal zu wiederholen, müsste sie in der Praxis eingeführt und eingeübt werden. Andernorts macht man gute Erfahrungen damit, anstelle reiner Arbeitskreis-Treffen jährliche Fachtage mit Fortbildungsanteil zu veranstalten. Neben dem fachlichen Input kommen bei entsprechender Moderation auch Erfordernisse und Probleme der örtlichen Zusammenarbeit zur Sprache.

In diesem Stadium kann es zu irritierenden Erfahrungen kommen: Alle Beteiligten beteuern die Wichtigkeit, die Unterstützung für die betroffenen Kinder und ihre psychisch erkrankten Eltern zu verbessern. Jeder und jede bestätigt die Wichtigkeit von Kooperation und möchte in der Kontaktliste aufgeführt werden. Doch ändert sich die konkrete, fallbezogene Zusammenarbeit nur wenig, verbleiben die Dienste und ihre Mitarbeitenden in der von ihrer Organisationskultur und beruflichen Sozialisation geprägten Spur.

Wo es möglich ist, lässt sich eine Verbesserung erreichen durch die Aufdeckung und Bearbeitung der offensichtlichen und unterschwelligen Kooperationshindernisse. Ergänzend oder alternativ dazu kann man eine höhere Verbindlichkeit erreichen, in dem eine fachlich begründete Schwelle eingeführt wird. Beispielsweise wurde in Unterfranken (Nordbayern) ein Kooperationsverbund „Familien mit einem psychisch erkrankten Elternteil" gegründet, an dem diejenigen Einrichtungen und Dienste der Region teilnehmen können, die drei Merkmale fachlichen Handelns bejahen:

- Konzeption: Die spezifische Unterstützung von betroffenen Familien ist in der Konzeption und damit in den Behandlungsstandards der Einrichtung verankert.
- Qualifizierung: Das gesamte Team der Einrichtung oder ein,

zwei spezialisierte Fachkräfte haben sich für diese Arbeit besonders qualifiziert.
- Kooperation: Die Einrichtung erklärt, dass sie in der fallbezogenen Arbeit aktiv die Kooperation mit anderen beteiligten Diensten und Fachgruppen sucht.

Die Beteiligung an dem Kooperationsverbund und damit die Akzeptanz dieser drei Anforderungen können sich dann darin zeigen, dass (nur) diese Einrichtungen oder Dienste in einer Broschüre oder auf einer Website genannt werden. Wenn sich Familienmitglieder oder Fachleute an eine der darin aufgeführten Stellen wenden, können sie erwarten, zumindest einen gewissen fachlichen Standard anzutreffen. In Unterfranken wird der Kooperationsverbund vom Fachberatungsangebot „Gute Zeiten – schlechte Zeiten" (GZSZ) des Evangelischen Beratungszentrums gepflegt, siehe www.verbund-gzsz.de.

In manchen Kreisen oder Städten Deutschlands geht man noch einen Schritt weiter und hat *schriftliche Kooperationsvereinbarungen* erarbeitet. Vergleichbar den Behandlungsplänen oder Verfahrensanweisungen eines Qualitätsmanagementsystems, werden in ihnen Standards der fallbezogenen und fallübergreifenden Kooperation formuliert.

Beispiele schriftlicher Kooperationsvereinbarungen für Familien mit einem psychisch erkrankten Elternteil gibt es aus dem Kreis Mettmann, Köln, München, Gütersloh / Westfalen-Lippe u. a. Manche wie die in Hamburg oder Berlin beziehen sich ausschließlich auf Kinder aus suchtbelasteten Familien. Vergleicht man die Kooperationsvereinbarungen, wird eine übereinstimmende Grundstruktur mit drei bzw. vier Kapiteln deutlich.

Grundstruktur von Kooperationsvereinbarungen

Kapitel 1 – Präambel

Einleitend wird die Situation von Familien mit einem psychisch erkrankten Elternteil beschrieben, aus der Sicht der Kinder wie auch der Erwachsenen. Daraus werden die Unterstützungsbedarfe abgeleitet, die von den Einrichtungen und Berufsgruppen der verschiedenen Versorgungssysteme am besten in Kooperation beantwortet werden sollten. Gemeinsam wird die gute Absicht erklärt, mit der schriftlichen Kooperationsvereinbarung die fallbezogene wie auch -unabhängige Zusammenarbeit zu regeln und zu verbessern.

Für die Akzeptanz der Kooperationsvereinbarung ist entscheidend, dass alle wichtigen Einrichtungstypen und Leistungsbereiche an der Erstellung beteiligt waren und in dem Text auch aufgeführt werden. Stellvertretend für sie wird die Vereinbarung unterschrieben von der obersten Hierarchieebene der Klinik, der Kommune und/oder des überörtlichen Sozialhilfeträgers.

Kapitel 2 – Fallbezogene Kooperation

In diesem Abschnitt werden die Schritte dargelegt, wie eine fallbezogene Kooperation organisiert werden kann. Im Zentrum steht eine Hilfekonferenz, mancherorts auch runder Tisch genannt, die mit Fachkräften aus den verschiedenen Diensten besetzt ist. Hierzu gibt es Empfehlungen oder Regelungen zu den verschiedenen Varianten:

- Was ist die Indikation für eine Hilfekonferenz? Wer darf bzw. kann eine Hilfekonferenz initiieren? Ist jede Fachkraft oder Einrichtung dazu berechtigt und ermächtigt, und folgen die Vertreter/innen der anderen Dienste der Einladung?
- Wie werden die Eltern bzw. Sorgeberechtigten in das Vorhaben einbezogen? Sollen die betroffenen Eltern (oder auch die größeren Kinder) in aller Regel teilnehmen? Wie wird damit umgegangen, wenn sie die Entbindung von der Pflicht zur Verschwiegenheit verweigern oder auf wenige Fachkräfte bzw. Inhalte einschränken?
- Wer moderiert die Hilfekonferenz? Gibt es ständige Mitglieder der Hilfekonferenz, wechseln die übrigen Teilnehmer/innen je nachdem wer in den Fall involviert ist?
- Häufig sind die Beteiligten an einer Hilfekonferenz nicht berechtigt, verbindliche Aussagen über kostenträchtige Maßnahmen zu treffen. Wie wird damit umgegangen, dass sie zunächst die zuständigen Vorgesetzten und internen Gremien befragen müssen?
- Wie werden die Ergebnisse der Besprechung festgehalten? Wie wird ihre Umsetzung kontrolliert? Wer beobachtet die gewünschten oder unerwünschten Auswirkungen der verabredeten Interventionen und beruft die Hilfekonferenz ggfs. zu einem späteren Zeitpunkt erneut ein?
- Speziell: Was ist das Vorgehen bei (Verdacht auf) Kindeswohlgefährdung?

Oder bei fehlendem Einverständnis der Eltern zur Kontaktaufnahme der Dienste? Unter welchen Umständen kann eine Hilfekonferenz ohne Zustimmung oder gar gegen den Willen der Eltern stattfinden? Was sind die Möglichkeiten einer anonymisierten Fallbesprechung?

Kapitel 3 – Fallunabhängige Kooperation

Hier finden sich Regelungen zur fortlaufenden Pflege und Aktualisierung des Netzwerks in Form von Arbeitskreisen oder Fortbildung.
Sinnvoll ist an dieser Stelle eine Auflistung der beteiligten Einrichtungen und Dienste. Durch die Nennung werden die Fachkräfte darin bestätigt, dass ihre Teilnahme (Delegation) institutionell gewünscht ist und dass sie ihre entsendende Stelle an den Ergebnissen der Kooperation teilhaben lassen sollte.
Bei entsprechender Offenheit können die regelmäßigen Treffen auch dafür genutzt werden, die Erfahrungen aus der fallbezogenen Zusammenarbeit auszuwerten, typische Probleme und Erfolgsfaktoren zu identifizieren und sich gegenseitig Einblick zu geben in die eigene Organisationskultur mit ihren expliziten und impliziten Handlungsanweisungen.
Ebenso kann hier verabredet werden, auch fallunabhängig zusammenzuarbeiten in der Öffentlichkeits- und Multiplikatorenarbeit, ggf. bei der Etablierung neuer erforderlicher Angebote oder Einrichtungen in der Region.

Fakultativ: Kapitel 4 – Präsentation der beteiligten Einrichtungen und Dienste

Bei manchen Kooperationsvereinbarungen schließt sich ein Infoteil an, in dem sich die beteiligten Einrichtungen und Dienste aus Psychiatrie, Jugendhilfe, Eingliederungshilfe, Selbsthilfe … vorstellen. Diese Präsentation soll diejenigen Leistungen fokussieren, die für Familien mit einem psychisch erkrankten Elternteil relevant sind (einschließlich Antragstellung, Bewilligungsverfahren und Kostenübernahme). Hilfreich sind eine Aufzählung der häufigsten Kooperationspartner, sowie die Nennung von konkreten Kontaktdaten.
Mit der Veröffentlichung in der schriftlichen Kooperationsvereinbarung stimmen die Einrichtungen bzw. ihre Träger den darin verabredeten Verfahren der Kooperation zu.

Aus den Netzwerken, die bereits einige Jahre mit solchen schriftlichen Kooperationsvereinbarungen arbeiten, kommen folgende Rückmeldungen (Quelle: mündliche Beiträge aus der Bundesarbeitsgemeinschaft „Kinder psychisch erkrankter Eltern“):

- Die Erarbeitung einer solchen schriftlichen Vereinbarung sei alleine schon durch den gemeinsamen Diskussionsprozess lohnenswert. Die beteiligten Berufsgruppen, Einrichtungen und Versorgungssysteme lernten sich auf diesem Weg intensiv kennen. Gerade schriftliche Formulierungen, die später veröffentlicht werden, brächten eine Verbindlichkeit mit sich, die ein rein verbaler Austausch nicht zu leisten imstande sei.
- Auf der anderen Seite solle man die Wirkung einer schriftlichen Kooperationsvereinbarung nicht überschätzen. Die Hoffnung, dass diese Vereinbarung Eingang fände in ein Qualitätsmanagement-Handbuch und bei der Einweisung neuer Mitarbeitender mit der gleichen Verbindlichkeit vermittelt werde wie interne Verfahrensanweisungen, erfülle sich vielerorts nicht. Selbst Fachkräfte, die an der Erarbeitung der Kooperationsvereinbarung mitgewirkt hätten, würden sich in der Praxis und unter dem Druck des täglichen Arbeitspensums nicht immer an die vereinbarten Regeln halten. Papier sei somit auch hier „geduldig“.
- Dass die Vorteile trotzdem überwiegen würden, liege darin begründet, dass man mit der schriftlichen Kooperationsvereinbarung einen bleibenden Zielpunkt besitze, auf den man sich bei einem Rückfall in alte Gewohnheiten (fehlender Zusammenarbeit) immer wieder beziehen könne.

Ein tatsächliches praktisches Problem besteht in der Tatsache, dass die handelnden Personen in den verschiedenen Einrichtungen und Diensten bis hinauf in die Leitungsebene im Laufe der Zeit wechseln. Damit geht Kenntnis von den anderen Institutionen und Erfahrungswissen verloren, die den neuen Mitarbeitenden dann fehlt, da in den Ausbildungsgängen das Feld „Kooperation“ weiterhin zu kurz kommt.

In Reaktion darauf müssen sich die Verantwortlichen kontinuierlich um die Pflege der Kooperation und der Kooperationsvereinbarung kümmern. Als eine Art „Rückfallprophylaxe" bieten sich neben Fortbildungen oder Arbeitskreistreffen Einführungsseminare für neue Mitarbeitende an. Auf der Leitungsebene müsste dazu das Bewusstsein geschaffen werden, dass die Teilnahme an einem solchen Seminar zur Einführung in die Kooperation(-svereinbarung) bei Familien mit einem psychisch erkrankten Elternteil in den ersten ein, zwei Dienstjahren Pflicht ist.

Kooperation von Erziehungs- und Familienberatungsstellen

Im Zuge der Arbeiten an einer schriftlichen Kooperationsvereinbarung für die Region Unterfranken (Mitte) wurden vom Evangelischen Beratungszentrum Würzburg, Fachberatungsangebot „Gute Zeiten – schlechte Zeiten" für Kinder und ihre psychisch erkrankten Eltern, Aussagen zur Zuständigkeit, zur Kapazität und zur Kooperation entwickelt und mit den Leitungen der regionalen Erziehungs- und Familienberatungsstellen abgestimmt. (Siehe Download-Bereich.)

Kooperation ist eine notwendige, vielschichtige, effektive – und zugleich sehr schwierige Form der Intervention. Die Veröffentlichungen und Erfahrungen lassen keinen anderen Schluss zu. Hindernisse in der Zusammenarbeit sind systembedingt und somit „normal". Meist hat keine der beiden Seiten einen „Fehler" gemacht. Schwierigkeiten sind ein Hinweis darauf, dass viele Beteiligte noch keine Übung entwickeln konnten, mit der Unterschiedlichkeit und Fremdheit des anderen Kooperationspartners umzugehen. Von einzelnen Pionieren abgesehen, wird erst seit Mitte der 1990er Jahre begonnen, eine familienbezogene Zusammenarbeit von Jugendhilfe und Psychiatrie aufzubauen. Jeder kleine Schritt in der Kooperation ist ein Erfolg gegenüber der Zeit zuvor.

Zehn Tipps zur Kooperation

1. Sammeln Sie im Team Ihrer Beratungsstelle alle fachlichen Bezüge, die Sie bereits jetzt zu Fachkräften oder Einrichtungen der anderen Versorgungsbereiche haben, mit Namen, Kontaktdaten usw. Wenn Sie mögen, können Sie diese Auflistung ergänzen durch persönliche Beziehungen zu den Kolleginnen und Kollegen, z. B. aus Zeiten gemeinsamer Ausbildung oder privaten Kontexten.
2. Erstellen Sie (zum Beispiel anhand der Tab. 2 mit den Einrichtungen vom Kind aus bzw. vom Erwachsenen aus) für den Einzugsbereich Ihrer Beratungsstelle eine Landkarte aller vorhandenen Angebote von Jugendhilfe, Psychiatrie, Eingliederungshilfe usw., die in der Unterstützung betroffener Familie eine Rolle spielen können.
3. Tauschen Sie sich über die positiven und negativen Kooperationserfahrungen aus, die Sie bisher mit diesen verschiedenen Diensten gemacht haben. Analysieren Sie, was etwaige Erfolgs- und Misserfolgsfaktoren waren.
4. Vergegenwärtigen Sie sich die Unterschiede in Auftrag, Störungs- und Behandlungsmodell oder Rahmenbedingungen usw. zwischen den Einrichtungen. Was die fremdartige Organisationskultur betrifft, entwickeln Sie eine Art „interkulturelle Kompetenz", wie Sie sie bereits aus der Arbeit mit Menschen mit Migrationshintergrund kennen.
5. Ziehen Sie bei Neueinstellungen – neben anderen Kriterien – auch die Berufserfahrung eines Bewerbers, einer Bewerberin in einem anderen Versorgungssystem heran. Ein in dieser Hinsicht gemischtes Team von Fachkräften, die in Jugendhilfe, Psychiatrie und Eingliederungshilfe sozialisiert wurden, verfügt in der Regel über ein Mehr an Kooperationsbeziehungen und an Lösungsmöglichkeiten für die Familien.
6. Recherchieren Sie, ob Sie eine dafür offene und geeignete Fachkraft des komplementären Bereichs für eine verbindliche Konsiliarbeziehung gewinnen können. Beispielsweise könnte eine Erziehungsberatungsstelle von der speziellen Absprache mit einer erwachsenenpsychiatrischen Praxis profitieren und umgekehrt.
7. Beginnen Sie bei einzelnen Beratungsprozessen, mit Einverständnis der Ratsuchenden Kontakt aufzunehmen zu Fachkräften der ande-

ren beteiligten Einrichtungen oder Berufsgruppen. Gehen Sie mit den dabei womöglich auftauchenden Schwierigkeiten sportlich um und bemühen Sie sich in Ihrer Art der Kommunikation um „Anschlussfähigkeit".

8. Prüfen Sie die Arbeitskreise, Gremien, Runden Tische usw., in denen Ihre Einrichtung vertreten ist, daraufhin, wo Sie mit potenziellen Kooperationspartnern zusammentreffen (könnten). Bringen Sie das Thema „Kinder und ihre psychisch erkrankten Eltern" auf die Tagesordnung eines Treffens.
9. Überlegen Sie, ob ein einschlägiger Fachtag oder Vortrag geeignet sein könnte, die Kooperation in der Region zu befördern. Falls Sie die Vorbereitungsarbeit nicht nur mit eigenen Bordmitteln bestreiten wollen, kooperieren Sie mit weiteren Einrichtungen – möglichst aus einem anderen Versorgungssystem.
10. Suchen Sie sich zwei, drei Kooperationspartner, mit denen Sie eine öffentliche Veranstaltung (mit Vortrag, Lesung, Filmvorführung u. a.) zum Thema organisieren und durchführen können. Gegenüber einer fallbezogenen ist eine solche fallübergreifende Zusammenarbeit oft unproblematischer.

Teil 4
Bewältigung und Beratung

Hinter den Kulissen einer Beratungsstelle

Psychische Krisen und Erkrankungen bei Mutter oder Vater sind gegebene Ereignisse, die von den betroffenen Familien bewältigt werden müssen. Die Kinder wie die Eltern stehen vor der Aufgabe, diesen Herausforderungen – die psychologisch als Stressoren gefasst werden – mit möglichst funktionalen Coping-Strategien zu begegnen. Bei der Entwicklung dieser differentiellen Stressbewältigungskapazitäten, zu denen vor allem die angemessene Kausalattribution und die Inanspruchnahme sozialer und fachlicher Unterstützung gehören, spielen Einrichtungen der Psychiatrie und der Jugendhilfe eine besondere Rolle, nicht zuletzt die Beratungsstellen. Abschließend seien hier einige Aspekte zu den Chancen und Grenzen von Beratungseinrichtungen, sowie zu ihrer Organisationsentwicklung genannt.

Im Kontrast zur Schwere einer psychischen Erkrankung und ihrer Folgen kann die Arbeit mit den Kindern und ihren Eltern in einer Beratungsstelle vergleichsweise leicht und einfach sein. Beratungsstellen bringen wesentliche Voraussetzungen dafür mit, dass sich betroffene Familien öffnen und Hilfe zulassen. Die Beratung besteht – so unscheinbar es klingt – zunächst in der Aufklärung der Kinder und Eltern. Diese Aufklärung ist der Schlüssel für alle weiteren Maßnahmen, die darüber hinaus angemessen und nötig sein können. In der zentralen Bedeutung der Intervention „Aufklärung“ sind sich alle Fachkräfte und Autoren einig, und Beratungsstellen sind ein Ort, wo sie geleistet werden kann. Mitunter kann diese Arbeit geradezu Befriedigung oder Freude bereiten, wenn Kinder oder Eltern im Beratungssetting zum ersten Mal überhaupt das Tabu lösen und über die familiäre Situation sprechen. Die Verbesserung der Situation beginnt manchmal sofort.

Für Beraterinnen und Berater, die von vornherein gerne mit Kindern und Jugendlichen arbeiten oder die gut mit Erwachsenen in Kontakt kommen, dürfte das Thema der elterlichen psychischen Erkrankung zunächst einmal keine große Herausforderung darstellen. Neben den Grundkenntnissen über psychische Erkrankungen und ihren Folgen für Eltern und Kindern, sind es vor allem die personalen Merkmale der Fachkraft und die Beziehungsqualität, die eine Beratungssituation gelingen lassen. Eine positive, grundsätzlich zuversichtliche Grundhaltung und eine behutsame, zugehende Art der Kontaktaufnahme sind dabei genauso wichtig wie die gezeigte Zuwendung und die Einfühlung in die Situation belasteter Eltern und Kinder.

Im Prinzip unterscheidet sich die Unterstützung von Familien mit einem psychisch erkrankten Elternteil nicht sehr wesentlich von der Hilfe für Familien mit anderen Belastungen. Anders jedoch als zum Beispiel bei Trennung und Scheidung und ihren Folgen dauert die Belastung durch die elterliche psychische Erkrankung manchmal Jahre oder Jahrzehnte an. Es kann dann sinnvoll sein, wie in der Eingliederungshilfe nicht mehr nur von einer Erkrankung, sondern von einer psychischen Behinderung zu sprechen.

An dieser Stelle bekommt die Arbeit mit den Familien, die eingangs als vergleichsweise leicht bezeichnet wurde, eine erhebliche Schwere, auf die sich Fachkräfte einstellen müssen. Immer wieder kommt es zu sehr berührenden Momenten, in denen durch die Schilderungen der Kinder oder Eltern die ganze schicksalshafte Tragik der Situation offenkundig wird. Für diese Situation, gibt es manchmal keine glatte Lösung, keine schnelle Heilung. Besonders belastend wird es für die Fachkräfte, wenn neben das Mitgefühl noch die Sorge um die kindliche Entwicklung oder das Kindeswohl tritt. Es bleibt oft nichts anderes übrig, als in Anbetracht der schwierigen Situation wenigstens das zu tun, was nötig und möglich ist, im Wissen darum, dass es nur teilweise Abhilfe schafft. Damit ist der Ball wieder bei den verschiedenen Einrichtungen und Berufsgruppen, die eine Rolle spielen bei der Unterstützung der betroffenen Familien. An ihnen ist es, die eigenen Potenziale und Kompetenzen voll zu entwickeln und einzubringen, und darüber hinaus bestmöglich mit den anderen Diensten zu kooperieren.

Chancen und Grenzen

Beratungsstellen haben in der Unterstützung von Familien mit einem psychisch erkrankten Elternteil ein großes Potenzial. Es sind mehrere Merkmale, die die Einrichtungen für Ehe-, Familien- und Lebensberatung, für Schwangerschaftsberatung, für Seelische Gesundheit oder für Suchtfragen, und nicht zuletzt die Erziehungsberatungsstellen besonders geeignet erscheinen lassen:

- vergleichsweise niedrigschwelliger, freiwilliger Zugang ohne vorherige Antragstellung bei Jugendamt oder Überweisungsschein
- Inanspruchnahme der Beratung ohne Diagnose, allein aufgrund eines Hilfebedarfs
- kurze Wartezeit, keine Beratungsgebühren
- gesetzliche Regelungen zur Verschwiegenheit
- multidisziplinäres Team von Fachkräften mit sozialpädagogischer, psychologischer oder psychotherapeutischer Ausbildung
- Vielfalt in Beratungssetting (Einzeln, Familie, Gruppe), Themenspektrum und Methodik
- klare Regelungen für den Umgang bei Selbst-, Fremd- oder Kindeswohlgefährdung
- vielfältige Vernetzung im psychosozialen und medizinischen Versorgungsbereich
- systemische bzw. familienbezogene Perspektive in der Fallarbeit
- ressourcenorientierte Herangehensweise

Klar ist, dass die Fachkräfte beraten und nicht behandeln. Auch wenn sie psychotherapeutische Interventionen in ihre Beratungstätigkeit integrieren, zumal wenn sie über eine entsprechende Zusatzqualifikation verfügen, ersetzen sie keine psychotherapeutische oder gar ärztliche Behandlung. Vielmehr ist es Aufgabe der

Beraterinnen und Berater, den Erwachsenen oder gegebenenfalls den Kindern eine Behandlung vorzuschlagen und diese gegebenenfalls zu ergänzen.

Eingeschränkt sind die Möglichkeiten der genannten Beratungsstellen auch durch die gesetzlichen Regelungen und Förderbestimmungen, auf deren Basis ihre Finanzierung erfolgt. Je nach Auftrag konzentrieren sie sich auf eine bestimmte Altersgruppe (Minderjährige, Erwachsene, …), auf einzelne Lebensphasen oder Zustände (Schwangerschaft, psychische Krisen, Suchtbelastung) oder auf ausgewählte Rollen oder Funktionen (Kinder, Eltern) und müssen andere Aspekte außeracht lassen. Übereinstimmend ist ihnen jedoch, dass die Ziele auf der Basis einer gemeinsamen Auftragsklärung festgelegt werden und der Beratungsprozess von beiden Beteiligten aktiv gestaltet wird. Für psychisch erkrankte Menschen und ihre Kinder ist dies ein Angebot, das die Scheu und Unsicherheit zu begrenzen hilft, die in den betroffenen Familien häufig anzutreffen sind.

Beratungsstellen werden gemäß ihrer Komm-Struktur von den Ratsuchenden aufgesucht, Hausbesuche sind – wie bei Arztpraxen – aufgrund des Zeitaufwands eher selten. Damit ist eine erste Begrenzung genannt: Wo eine Präsenz vor Ort, gar mit mehreren Terminen pro Woche, notwendig ist, reichen die Möglichkeiten einer Beratungseinrichtung nicht mehr aus.

Beratung arbeitet mit den Informationen und Anliegen, die von den Ratsuchenden vorgebracht bzw. den Fachkräften erfragt und geklärt werden. Ein überwachendes Vorgehen etwa zur Kindeswohlsicherung kann und soll von Beratungseinrichtungen nicht erbracht werden. Dies erleichtert es zugleich den Ratsuchenden, aus freien Stücken auch problematische Entwicklungen der Selbst- oder Fremdgefährdung oder der Kindeswohlgefährdung anzusprechen. Sollte eine Kontrolle vonnöten sein, müssen Dienste wie Jugendamt oder Gesundheitsamt, Familien- oder Betreuungsgericht oder die ärztliche Berufsgruppe hinzugezogen werden. Mitunter können hierzu auch aufsuchende Hilfen für das Ambulant Betreute Wohnen oder die Sozialpädagogische Familienhilfe eine Unterstützung sein, auch wenn ihr Hauptauftrag in der freiwilligen Zusammenarbeit liegt.

Schließlich sind die Möglichkeiten von Beratungsstellen in solchen Fällen begrenzt, in denen eine umfassendere Betreuung oder Behandlung notwendig ist. Hier kommen also außerfamiliäre, teilstationäre und stationäre Einrichtung wie (Tages-)Klinik, Heim, Pflegefamilie oder ähnliches ins Spiel. Beratung kann den Weg dahin empfehlen, aber nicht ersetzen.

Im Grunde gibt es in Deutschland und vielen weiteren Ländern ein breites Angebot an Einrichtungen für Kinder und Erwachsene. Der Entwicklungsbedarf besteht jedoch darin, dass diese Hilfen erst noch zugeschnitten werden müssen auf die Bedarfe von Familien mit einem psychisch erkrankten Elternteil:

- In der erwachsenenpsychiatrischen Versorgung gibt es ermutigende Erfahrungen mit der Mutter-Kind-Behandlung (vgl. Hartmann 2008; Arens, Görgen 2006; Hornstein, Klier 2005), deren Finanzierung jedoch zumeist noch ungesichert ist. Etliche Kliniken haben begonnen, in Kooperation mit Jugendhilfefachkräften eine Kinder- bzw. Familiensprechstunde durchzuführen (vgl. Kühnel, Koller 2012; Schrappe 2013). Generell ist es eine wirksame Verbesserung, wenn die psychiatrische Behandlung im stationären oder ambulanten Setting auch die Elternschaft der Patientinnen und Patienten zu berücksichtigen beginnt. Für die stationäre oder ambulante Suchtkrankenhilfe gilt dies gleichermaßen.
- In der Eingliederungshilfe zielt die Entwicklung auf Angebotsformen, die zusammen mit der Jugendhilfe durchgeführt werden. Bei einem sehr großen Unterstützungsbedarf ist an Einrichtungen des Mutter-Kind-Wohnens zu denken. Aber auch im aufsuchenden Setting kann zum Beispiel die Kombination von Ambulant Betreutem Wohnen und Sozialpädagogischer Familienhilfe die Hilfe für Familien wesentlich verbessern. Vielerorts haben sich die Beratungsstellen für Seelische Gesundheit oder die Sozialpsychiatrischen Vereine mit ihrer Gruppen- und Treffpunktarbeit für die Belange von Kindern geöffnet (vgl. Abel et al 2014), ähnliches findet sich in den Beratungsstellen und Selbsthilfegruppen der Suchtkrankenhilfe.
- In der Kinder- und Jugendhilfe ist bei den ambulanten Formen ein familienbezogener Ansatz bereits vorhanden, wie in

der Erziehungsberatung oder der Sozialpädagogischen Familienhilfe. Darüber hinaus kann gedacht werden an die flächendeckende Etablierung von Kinder- und Jugendlichengruppen, an die Flexibilisierung der Familienpflege in Richtung Patenschaften oder an gemeinsame Angebote mit Psychiatrie, Suchtkrankenhilfe und Eingliederungshilfe (vgl. Schrappe 2011).

- In der Kinder- und Jugendpsychiatrie befinden sich die Einbeziehung der – oftmals psychisch erkrankten – Eltern und der familienbezogene Arbeitsansatz vielerorts bereits auf einem guten Weg. Auch hier resultiert eine Verbesserung aus der Zusammenarbeit mit den vorgenannten Versorgungssystemen und Einrichtungen.

Team- und Organisationsentwicklung

Die Öffnung einer Beratungseinrichtung für Familien mit einem psychisch erkrankten Elternteil ist ein Prozess, der Zeit in Anspruch nimmt und aus verschiedenen Schritten besteht. Egal, ob sich eine Beratungsstelle noch ganz am Anfang sieht oder bereits intensiv eingearbeitet hat, beginnt jede Team- und Organisationsentwicklung mit der Bestandsaufnahme der vorhandenen Ressourcen. Gedacht ist dabei an berufliche Vorerfahrungen aus früheren Ausbildungs- und Arbeitsverhältnissen der einzelnen Fachkräfte, an erworbene Kompetenz aufgrund einschlägiger Beratungsprozesse oder an bereits bestehende Kooperationen der Fachkraft und Vernetzungen der Einrichtung. Davon ausgehend können die Schritte zur Öffnung einer Beratungsstelle für die Zielgruppe in der vorgeschlagenen oder einer ähnlichen Reihenfolge angegangen werden. Die Beschreibungen passen vor allem auf das Profil einer Erziehungs- und Familienberatungsstelle (vgl. Schrappe 2010) und können entsprechend auf andere Beratungseinrichtungen übertragen werden.

Schritte zur Öffnung einer Beratungsstelle für die Zielgruppe

Schritt 1 Unter den Familien, die sich in Beratung befinden, werden solche identifiziert, bei denen eine elterliche psychische Erkrankung vorliegt. In der diagnostischen und therapeutischen Phase erkundigen sich die Berater künftig zielgerichtet danach.

Schritt 2 Ein oder zwei geeignete Mitarbeitende spezialisieren sich neben ihren gewohnten Aufgaben für die Zielgruppe. Sie qualifizieren sich besonders im Bereich „Psychiatrische Erkrankungen und ihre Folgen für Kinder und Eltern".

Schritt 3 Leitung und Team der Beratungsstelle entscheiden sich dafür, einen Teil der vorhandenen zeitlichen Kapazitäten für die Familien einzusetzen. Es werden Fachliteratur, aber auch (Bilder-)Bücher für Kinder bzw. Jugendliche angeschafft.

Schritt 4 Bei ausgewählten Einzel- und Familienberatungen mit betroffenen Kindern und Eltern sammeln die spezialisierten Fachkräfte Erfahrungen und Faktenwissen. Kooperationen mit Fachkräften der (Sozial-)Psychiatrie werden ausgelotet.

Schritt 5 Es werden Kontakte zu anderen Beratungsstellen in der Region geknüpft, die sich ebenfalls in diesem Bereich engagieren. Die Beratungsprozesse wie auch die Schritte zur Öffentlichkeitsarbeit und Vernetzung werden evaluiert.

Schritt 6 Die spezialisierten Fachkräfte vertiefen durch Besuche bei Einrichtungen der Erwachsenenpsychiatrie, der Sozialpsychiatrie sowie bei weiteren Stellen die wechselseitigen Kenntnisse über Zugänge, Arbeitsweisen und Kapazitäten.

Schritt 7 Die Durchführung einer Fortbildung für Fachkräfte der (Sozial-) Psychiatrie und Jugendhilfe vor Ort führt zu einer Verständigung über die integrierte Unterstützung betroffener Familien und zur Festlegung verbindlicher Kooperationsformen.

Schritt 8 Es werden geeignete Veranstaltungen der Multiplikatoren- und Öffentlichkeitsarbeit durchgeführt. Zu denken ist an Workshops für Schulpsychologen, Schulsozialarbeiter oder Kita-Leitungen, bzw. an Zeitungsartikel, Vorträge und Lesungen.

Schritt 9 Ein Gruppenkonzept wird an der Beratungsstelle entwickelt und durchgeführt für Kinder bzw. Jugendliche aus Familien mit einem psychisch erkrankten Elternteil, einschließlich begleitender Elternarbeit.

Mit der beschriebenen Entwicklung geht eine Beratungseinrichtung auf die Bedarfe von Familien mit einem psychisch erkrankten Elternteil ein. Vergleichbares steht in den anderen Einrichtungsformen an, die mit den Kindern oder den betroffenen Erwachsenen arbeiten. Damit löst die Fachöffentlichkeit eine Forderung ein, die bereits vor Jahrzehnten in der sozialpsychiatrischen Reformbewegung aufgestellt wurde. An die Stelle des gewohnten *institutionsorientierten* Vorgehens, bei dem sich die Rat- oder Hilfesuchenden in die institutionellen Vorgaben einer vorfindlichen Einrichtung und ihres Versorgungssystems einzufügen hätten, solle die Ausgestaltung von Hilfen besser *personenorientiert* erfolgen. Im Kontext des hier behandelten Themas bedeutet dies eine *familienorientierte* Weiterentwicklung der Dienste und Arbeitsweisen. Beratungsstellen sind hier bereits auf dem besten Weg.

Literatur

Abel, J.: Otto, W.; Schliebs, I. (2014): „Seelensteine“ – Eine spezialisierte Familienhilfe für Kinder psychisch kranker Eltern. *Jugendhilfe, 52, Heft 3*, 202-209.

Arens, D.; Gorgen, E. (2006): *Eltern-Kind-Behandlung in der Psychiatrie. Ein Konzept für die stationäre Pflege.* Bonn: Psychiatrie-Verlag.

Bauer, U.; Driessen, M.; Heitmann, D.; Leggemann, M. (2013): *Psychische Erkrankungen in der Familie. Das Kanu-Manual für die Präventionsarbeit.* Köln: Psychiatrie-Verlag.

Beardslee, W.R.; Röhrle, B.; Mattejat, F.; Christiansen, H. (2009): *Hoffnung, Sinn und Kontinuität. Ein Programm für Familien depressiv erkrankter Eltern.* Tübingen: DGVT.

Beckmann, O.; Szylowicki, A. (2008): Paten für die Zukunft. Patenschaften für Kinder psychisch kranker Eltern. In: Mattejat, F.; Lisofsky, B. (Hrsg.): *Nicht von schlechten Eltern. Kinder psychisch Kranker.* Bonn: Balance-Verlag, S. 189-198.

Beyer, A.; Lohaus, A. (2011): Konzepte zur Stressentstehung- und Stressbewältigung im Kindes- und Jugendalter. In: Seiffge-Krenke, I.; Lohaus, A. (Hrsg.), *Stress und Stressbewältigung im Kindes- und Jugendalter*, Göttingen: Hogrefe, S. 11-27.

Böge, I.; Williamson, A. (2013): *Esmeralda – wie geht es Dir? Manual zur Gruppentherapie für Kinder psychisch kranker Eltern.* Stuttgart: Kohlhammer.

Brumm, H. (1998): Verantwortung für eine „neue“ Zielgruppe übernehmen. Erfahrungen in einer Erziehungsberatungsstelle. In: Mattejat, F.; Lisofsky, B. (Hrsg.): *Nicht von schlechten Eltern. Kinder psychisch Kranker* (S. 92-96). Bonn: Psychiatrie-Verlag.

Deneke, C. (2005): Misshandlung und Vernachlässigung durch psychisch kranke Eltern. In: Deegener, G.; Körner, W. (Hrsg.): *Kindesmisshandlung und Vernachlässigung*, Göttingen: Hogrefe, S. 141-154.

Hartmann, H.-P. (2008): Beziehungsabbrüche vermeiden. Das Heppenheimer Modell der Mutter-Kind-Behandlung. In: Mattejat, F.; Lisofsky, B. (Hrsg.): *Nicht von schlechten Eltern. Kinder psychisch Kranker.* Bonn: Balance-Verlag, S. 140-146.

Hipp, M.; Kleinz, P. (2014): Mütter mit einer Borderline-Persönlichkeitsstörung (BPS). Auswirkungen auf die Mutter-Kind-Bindung und unterstützende Angebote Früher Hilfen. *Zeitschrift für Kindschaftsrecht und Jugendhilfe*, 7, S. 316-319.

Homeier, S. (2005): *Sonnige Traurigtage. Ein Kinderfachbuch für Kinder psychisch kranker Eltern.* Frankfurt: Mabuse.

Homeier, S.; Schrappe, A. (2008): *Flaschenpost nach irgendwo. Ein Kinderfachbuch für Kinder suchtkranker Eltern.* Frankfurt: Mabuse.

Hornstein, C.; Klier, C. (2005): *Auf einmal ist da ein Kind ... Postpartale Depression – Erkennen und Helfen.* DVD mit 2 Filmen. Stuttgart: Kohlhammer.

Jungbauer, J.; Wirth, K.(2016): Der lange Schatten der Kindheit: Erwachsene Kinder psychisch erkrankter Eltern. *FORUM sozialarbeit + gesundheit, 4*, 44-47.

Klein, M. (2005): *Kinder und Jugendliche aus alkoholbelasteten Familien. Stand der Forschung, Situations- und Merkmalsanalyse, Konsequenzen.* Regensburg: Roderer.

Kölch, M.; Schmid, M. (2008): Elterliche Belastung und Einstellungen zur Jugendhilfe bei psychisch kranken Eltern: Auswirkungen auf die Inanspruchnahme von Hilfen. *Prax. Kinderpsych. Kinderpsychiat. 57*, S. 774-788.

Kölch, M.; Schmid, M. (2014): Unterstützung und Versorgung von Kindern psychisch kranker Eltern. In: Kölch, M.; Ziegenhain, U.; Fegert, J. M. (Hrsg.): *Kinder psychisch kranker Eltern. Herausforderungen für eine interdisziplinäre Kooperation in Betreuung und Versorgung.* Weinheim: Beltz, Juventa, S. 123-141.

Kühnel, S., Koller, L. (2012) (Hrsg.). *Bei mir zuhause ist was anders. Was Kinder psychisch kranker Eltern erleben.* Augsburg, Wißner-Verlag.

Kuhn, J.; Lenz, A.; Jungbauer, J. (2011): Stressbewältigung bei Kindern schizophren erkrankter Eltern. In: Wiegand-Grefe, S.; Mattejat, F.; Lenz, A. (Hrsg.), *Kinder mit psychisch kranken Eltern. Klinik und Forschung.* Göttingen: V & R, S. 299-314.

Lenz, A.; Brockmann, E. (2013): *Kinder psychisch kranker Eltern stärken. Informationen für Eltern, Erzieher und Lehrer.* Göttingen: Hogrefe.

Lenz, A.; Jungbauer, J. (2008) (Hrsg.): *Kinder und Partner psychisch kranker Menschen. Belastungen, Hilfebedarf, Interventionskonzepte.* Tübingen: dgvt.

Lenz, A.; Kuhn, J. (2011): Was stärkt Kinder psychisch kranker Eltern und fördert ihre Entwicklung? Überblick über Ergebnisse der Resilienz- und Copingforschung. In: Wiegand-Grefe, S.; Mattejat, F.; Lenz, A. (Hrsg.): *Kinder mit psychisch kranken Eltern. Klinik und Forschung.* Göttingen: V & R, S. 269-298

Lenz, A. (2005): *Kinder psychisch kranker Eltern.* Göttingen: Hogrefe.

Lenz, A. (2008): *Interventionen bei Kindern psychisch kranker Eltern. Grundlagen, Diagnostik und therapeutische Maßnahmen.* Göttingen: Hogrefe.

Lenz, A. (2010): *Ressourcen fördern. Materialien für die Arbeit mit Kindern und ihren psychisch kranken Eltern (incl. CD-Rom).* Göttingen: Hogrefe.

Mattejat, F.; Lisofsky, B. (Hrsg.) (2008): *Nicht von schlechten Eltern. Kinder psychisch Kranker.* Bonn: Balance-Verlag.

Mattejat, F.; Lenz, A.; Wiegand-Grefe, S. (2011): Kinder psychisch kranker Eltern. In: Wiegand-Grefe, S.; Mattejat, F.; Lenz, A. (Hrsg.): *Kinder mit psychisch kranken Eltern. Klinik und Forschung.* Göttingen: V & R, S. 13.-26.

Metzing, S. (2007): *Kinder und Jugendliche als pflegende Angehörige. Erleben und Gestalten familialer Pflege.* Bern: Hans Huber.

Pluto, L.; van Santen, E.; Seckinger, M. (2001): Kooperation – Verhängnis oder Verheißung? In: Schone, R.; Wagenblass, S. (Hrsg.): *Kinder psychisch kranker Eltern zwischen Jugendhilfe und Erwachsenenpsychiatrie* (S. 31-47). Münster: Votum.

Ramsauer, B. (2011): Frühkindliche Bindung im Kontext einer depressiven Erkrankung der Mutter. In: Wiegand-Grefe, S.; Mattejat, F.; Lenz, A. (Hrsg.): *Kinder mit psychisch kranken Eltern. Klinik und Forschung.* Göttingen: V & R, S. 171-179.

Reinisch, A.; Heitmann, D.; Gripenstroh, J. (2011): Präventionsangebote und -projekte für Kinder psychisch kranker Eltern in Deutschland – ein Überblick. In: Wiegand-Grefe, S.; Mattejat, F.; Lenz, A. (Hrsg.): *Kinder mit psychisch kranken Eltern. Klinik und Forschung.* Göttingen: V & R, S. 62-83.

Remschmidt, H.; Mattejat, F. (1994). *Kinder psychotischer Eltern. Mit einer Anleitung zur Beratung von Eltern mit einer psychotischen Erkrankung.* Göttingen: Hogrefe.

Riecher-Rössler, A. (2012): *Psychische Erkrankungen in Schwangerschaft und Stillzeit.* Basel: Karger.

Romer, G.; Haagen, M. (2007): *Kinder körperlich kranker Eltern.* Göttingen: Hogrefe.

Schmid, M.; Grieb, J.; Kölch, M. (2011): Die psychosoziale Versorgung von Kindern stationär behandelter psychiatrischer Patienten – Realität und Wünsche. In: Wiegand-Grefe, S.; Mattejat, F.; Lenz, A. (Hrsg.): *Kinder mit psychisch kranken Eltern. Klinik und Forschung.* Göttingen: V & R, S. 180-205.

Schmid, M.; Schielke, A.; Fegert, J. M.; Becker T.; Kölch, M. (2008a): Kinder psychisch kranker Eltern. Nervenheilkunde, 27, S. 521-526.

Schmid, M.; Schielke, A.; Becker, T.; Fegert, J. M.; Kölch, M. (2008b): Versorgungssituation von Kindern während einer stationären psychiatrischen Behandlung ihrer Eltern. Nervenheilkunde, 27, S. 533-540.

Schone, R.; Wagenblass, S. (2002): *Kinder psychisch kranker Eltern zwischen Jugendhilfe und Erwachsenenpsychiatrie.* Weinheim: München.

Schone, R.; Wagenblass, S. (2002): *Wenn Eltern psychisch krank sind ... Kindliche Lebenswelten und institutionelle Handlungsmuster.* Münster: Juventa Votum.

Schrappe, A. (2008): Verantwortung übernehmen. Die Arbeit der Evangelischen Beratungsstelle Würzburg. In: Mattejat, F.; Lisofsky, B. (Hrsg.): *Nicht von schlechten Eltern. Kinder psychisch Kranker.* Bonn: Balance-Verlag, S. 156-163.

Schrappe, A. (2010): Neuer Wein in gute Schläuche. Beratung für Familien mit einem psychisch kranken Elternteil. In: Hundsalz, A.; Menne, K.; Scheuerer-Englisch, H. (Hrsg.): *Jahrbuch für Erziehungsberatung. Band 8.* Weinheim, München: Juventa, S. 143-164.

Schrappe, A. (2011): Die Leistungen der Jugendhilfe für Familien mit einem psychisch erkrankten Elternteil. In: Wiegand-Grefe, S.; Mattejat, F.; Lenz, A. (Hrsg.): *Kinder mit psychisch kranken Eltern. Klinik und Forschung.* Göttingen: V & R, S. 96-121.

Schrappe, A. (2013): Familien mit einem psychisch erkrankten Elternteil. *Praxis der Kinderpsychologie und Kinderpsychiatrie, 62,* 30-46.

Schrappe, A. (2014): Die vergessenen kleinen Angehörigen - Kinder psychisch erkrankter Eltern. *Neurotransmitter, 25 (2),* 22-28.

Schrappe, A. (2015): Orientierung und Hilfe in Zeiten der Krise. Erziehungsberatung für Familien mit einem psychisch erkrankten Elternteil. *Informationen für Erziehungsberatungsstellen,* S. 14-19.

Stachowske, R. (2011): Suchtbelastete Familien. Risiken und Hilfen für Kinder und Eltern. In BAG der Kinderschutz-Zentren e.V. (Hrsg.), *Kindheit mit psychisch belasteten und süchtigen Eltern. Kinderschutz durch interdisziplinäre Kooperation* (S. 101-134). Köln.

Staets, S. (2011): KIPKEL – Präventionsprojekt für Kinder psychisch kranker Eltern. In: Wiegand-Grefe, S.; Mattejat, F.; Lenz, A. (Hrsg.): *Kinder mit psychisch kranken Eltern. Klinik und Forschung.* Göttingen: V & R, S. 133-142

Stelling, K.; Habers, I.; Jungbauer, J. (2008): Zwischen Verantwortungsübernahme und Autonomieentwicklung: Jugendliche mit einem psychisch kranken Elternteil. *Prax. Kinderpsychol. Kinderpsychiat. 57,* 757-773.

Wiegand-Grefe, S.; Halverscheid, S.; Plass, A. (2011): *Kinder und ihre psychisch kranken Eltern. Familienorientierte Prävention – Der CHIMPs-Beratungsansatz.* Mit CD-Rom. Göttingen: Hogrefe.

Wiegand-Grefe, S.; Geers, P.; Petermann, F. (2011): Entwicklungsrisiken von Kindern psychisch kranker Eltern – ein Überblick. In: Wiegand-Grefe, S.; Mattejat, F.; Lenz, A. (Hrsg.): *Kinder mit psychisch kranken Eltern. Klinik und Forschung.* Göttingen: V & R, S. 145-170.

Wiegand-Grefe, S.; Mattejat, F.; Lenz, A. (2011) (Hrsg.): *Kinder mit psychisch kranken Eltern. Klinik und Forschung.* Göttingen: Vandenhoeck & Ruprecht.
Zobel, M. (2001) (Hrsg.): *Wenn Eltern zu viel trinken – Risiken und Chancen für die Kinder.* Bonn: Psychiatrie Verlag.